旅行作家な気分

コリア・中国から中央アジアへの旅

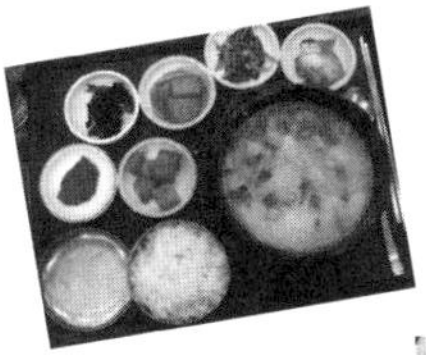

飛田雄一　著
神戸学生青年センター館長
Yuichi Hida

合同出版

■もくじ

まえがき……7

01 アジアの中の日本――韓国・北朝鮮・中国への旅から……9

初めての韓国と「YH紡績人糞事件」／韓国で逮捕された／「トビタ」はどこだ？／
阪神大震災と南京絵画展／南京大虐殺60周年・1997年／掘り起こされたままの万人坑／
露天掘りの撫順炭鉱／黄土高原の太原市を訪ねて／731部隊とハルビン／中国の友人ガイド／
南京大虐殺への日本軍のふたつの道／日本軍の重慶無差別爆撃／なぜ、旅順・大連か／
安重根と旅順監獄／「侵華日軍南京大屠殺遇難同胞紀念館」／韓国「祭」ツアー／ムーダンと江陵端午祭／
「民草ツアー」／「済州島4・3事件」／韓国の「人間魚雷」基地／北朝鮮への旅／38度線の「板門店」／
「皿回し」交流／ブラックジョーク／アジアと日本

02 随想　済州島行……38

03 延辺朝鮮族自治州への旅……43

04 韓国への旅　友を訪ねて三千里……64

05 韓国への旅　神戸電鉄敷設工事で犠牲となった朝鮮人労働者の遺族を訪ねて……79

二年ぶりの訪韓／神戸電鉄敷設工事と朝鮮人／固城郡に金漢圭さんを訪ねて／
金鳳斗さんのお墓にお参りする／蔚山、そしてまた釜山へ／旅の収穫・旅の反省

06　韓国原州に張壹淳先生の墓地を訪ねて……90
張壹淳先生と親交の深かった李泳禧先生の書かれた追悼文／
「民主・統一の花　とうとう見られずに——張壹淳先生の霊前に涙で告げる——」李泳禧（漢陽大学教授）
07　韓国お祭りツアー第1弾　江陵端午祭——「見るもの聞くもの、これぞ、お祭り」……99
5日間ぶっとおし?／炎天下の大熱演／いざ、雪岳山へ
08　南京大虐殺の現場を訪ねる旅……102
中国ツアコンことはじめ／中学生、高校生、壮年……／南京大虐殺国際シンポジウム／
早乙女愛『南京1937』／三井・淮南炭坑の万人坑／「書をすてて街に出よう」!?
09　阪神教育闘争犠牲者の遺族を韓国に訪ねる……107
10　韓国お祭りツアー第3弾　珍島霊登祭——海は本当に割れました……110
11　韓国「民草」ツアー第1弾　東学の道……113
12　韓国「民草」ツアー第2弾　済州島「4・3+ハルラ山」……116
13　南京再訪　そして731&安重根のハルビンへ……121
14　朝鮮民主主義人民共和国ツアー……128
15　「南京大虐殺への道」を訪ねて……134

16 韓国お祭りツアー第４弾　安東国際仮面劇フェスティバル――フェスティバル訪問の記……139
17 張壹淳先生10周忌の集いに原州を訪問して……144
18 上海・南京・大連・旅順フィールドワーク――神戸・南京をむすぶ会……148
19 第2回日韓歴史研究者共同学会in釜山……151
20 済州島フィールドワーク――２００６夏・日本軍の作った軍事施設跡を訪ねる……154
21 済州島一周サイクリング（２００７年）……168
22 済州島一周サイクリング（２００８年）……182
私の自転車事始め／さあ、関空から済州空港へ／2日目―翰林から南元へ／3日目―南元から日出峰へ／４日目―日出峰から済州市に／番外編の5日目です
23 中央アジアのコリアンを訪ねる旅――カザフスタン、ウズベキスタン……194
24 延吉に尹東柱の生家などを訪ねて……207
25 南京・海南島・上海への旅――神戸・南京をむすぶ会フィールドワーク２０１１夏……215
わたしがことしも中国にでかけたわけ／中国と朝鮮／資源略奪&インドシナ半島を侵略する拠点として／南渡江老鉄橋から「五百人碑」、旧震洋基地へ／八所港、監獄跡も残っていました／石原産業・八幡製鉄所・「朝鮮村」／「朝鮮報国隊」と海南島／そして、上海

26　ソウル漢江・サイクリング……229
27　むくげの会　釜山・慶州合宿レポート……233
28　またまた行ってきました　済州島一周サイクリング……238
29　クルーズで釜山に行ってきました……242
30　黄埔軍官学校と朝鮮人――神戸・南京をむすぶ会第19次訪中レポート……246
31　済州島・李仲燮美術館……260
32　麗水・順天を訪ねて……264
初出掲載誌一覧……268
あとがき……270

まえがき

私は、旅が好きです。二〇代のころはそうでもなく、国内出張しても仕事が終わるとすぐに帰ってきました。それが、三〇代のころから旅派、寄り道派になりました。寄り道は楽しいものです。韓国には、仕事でも遊びでもよく出かけましたが、そこでもよく寄り道をしました。

実は、最初はこの本の題名を、『ツアコンことはじめ』にしようと考えていました。たしか私の最初のツアコンは、１９９０年代半ば頃だったと思いますが、バプテスト連盟の牧師さんたちを韓国に案内しました。プサンからソウルまで五、六日の旅だったと思います。ちょうどその時期に、韓国のビザが緩和され事前申請が不要になったのですが、それを勘違いしてか、パスポートも持たずに空港にこられた牧師さんがおられました。やむなくその方をおいて旅に出発したのでした。忘れられない思い出です。この時の旅をきっかけにツアコンをするようになったのです。旅は、トラブルがあったときの方が印象に残るようです。本書にもトラブルの事例をいくつか書きましたが、諸般の事情で書けないトラブルもありました。興味ある方には飲みながらでも……。

この本はツアコンとして旅の話もありますが、それ以外のものもあります。なにしろ、無免許のツアコンなので、遠慮して本の題名は『旅行作家な気分』とさせていただきました。

この本は、巻頭の基督教共助会での講演録以外は、むくげ通信などに書いた旅の記録をまとめたものです。旅から帰ってけっこう早い時期に書いたものです。それぞれに完結したものですので、どれから読んでいただいてもけっこうです。興味のある旅先があれば、そこからお読みください。今回、出版のためにそれらを読み直すことになりましたが、いろいろなことを思い出しました。二度目の旅をしたかのようで、得をした気分になりました。中国への旅などについて、その由来を前回書いているので、その部分が重複した記述になっていますが、そのままにしています。お許し下さい。

韓国のキリスト教関係の地へ訪問したことについては、前著『現場を歩く 現場を綴る―日本・コリア・キリスト教―』（かんよう出版、２０１６・６）に収めています。よろしければそちらもご覧ください。

この本を読んでいただいて、おもしろい、行った気分になったという方がおられましたら、私としても「旅行作家」冥利につきるというものです。

01 アジアの中の日本
――韓国・北朝鮮・中国への旅から

私は大学時代から、親朝鮮派というか親韓国派というか、ここで言う韓国・朝鮮は南北の国家という意味ではありませんので、今でいえばコリア派でした。大学時代からむくげ会という朝鮮語と朝鮮の文化を学ぶサークルを作って勉強もしていました。在日韓国人の裁判などにも関係していました。大学卒業後も学生センターや教会の関係などで現在まで合計したら40回か50回ぐらい韓国に行っているると思います。でも、長くても10日ぐらいのものです。大体いつも短い期間なのですが、初めて韓国に行ったのは1978年です。それは第一回の日韓NCC―URM協議会でした。NCCというのは日本にも韓国にもありますけれど、キリスト教協議会のことです。日本には日本キリスト教協議会、韓国には韓国キリスト教協議会があります。

初めての韓国と「YH紡績人糞事件」

URMというのは都市農村宣教、Urban Rural Mission です。日本にもURMのグループがありますが、韓国の方は力をもっているのです。日本と韓国のURMの第1回の交流会が1978年にありました。

日本のＵＲＭは、同志社大学の竹中正夫先生の世代が第1世代だと思います。日本で社会活動・農村活動に関係するクリスチャンのネットワークで、その日本のＵＲＭと韓国ＵＲＭが交流することになったのです。その頃の韓国は受難の時代で、朴炯圭先生らが何度も逮捕されていました。教会が使えなくなって教会の前で礼拝をしているとか、そういう受難でした。そして韓国のキリスト教グループが労働組合でも地域住民運動でも最先端でがんばっていました。

最近の韓国は政権が代わりそのようなことはありませんが、昔は教会の中でしか社会的な活動が出来ず、労働組合の指導的な人はノンクリスチャンでも教会をベースに活動をしていました。

私たちが韓国大使館にビザ申請をしても問題になる時代でした。最初私たちは15人ほどで東京の大使館と大阪・神戸の領事館にビザ申請しましたが、大阪領事館からは、別に申請をしていた荒川純太郎さん以外は全員ビザが出なかったのです。小柳伸顕先生や三好博先生など、主要メンバーが行けなくなりました。私は神戸の領事館に申請しましたが、神戸領事館の関係者および東京の大使館関係者の7人だけにビザが下りて韓国に出掛けました。韓国ではアカデミーハウスの会議場周辺を監視員がうろうろし、最後の夜はソウル市内で泊まろうとして、結局小さなラブホテルのようなホテルに泊まることになったのですが、そこにまで調査員みたいな人が尋ねてくるというような緊張した交流会でした。

この頃は、有名な「ＹＨ紡績人糞事件」が起きた時期でもありました。趙和順という元気な牧師さんが、女子工員として入った工場で、労働組合を組織して活動をしておられました。それが発覚したというのもあって組合が弾圧を受けました。経営者が雇った暴力団員みたいな人が、組合員が籠城している所に糞尿を撒くという事件が起こりました。交流会はその1カ月後に開催されましたから、直接被害に遭った人の話を聞いたり、工場地帯のアパートを借りて、40名ほどの労働者が勉強しながら生活している、そういった所を回ったりしました。非常にいい経験でした。

韓国で逮捕された

私たちが特に何かしたというのではありませんが、協議会の帰り、当時の金浦空港でメンバーの3人が捕まってしまいました。それはYH紡績事件のビラを持ち出したという容疑でした。最初にソウルを出発した4人のうちの3人が捕まりました。どういうわけか、4人のうちの1人だった荒川先生は難を逃れました。捕まったのは神戸にいたジョニー・ウオーカーという宣教師、NCCの幹事をしていた楠利明さん、ともう1人です。金浦空港で拘束後は留置所に入ることはなかったのですけど、その日の夕方の飛行機には乗れなくて、ソウルまで戻された後、一定の取調べを受けて次の日に帰国したのです。日本に帰って、YH事件の支援の意味もあって、私たちは交流のために訪韓したのであって拘束は不当である、と記者会見をしました。

「トビタ」はどこだ?

その頃すでに旅行癖が始まっていたのでしょうか、私は2、3日ひとりでぶらぶらしてから帰りました。拘束のことは全く知りませんでした。後でメンバーに聞いたら金浦空港で、「トビタはどこにいるのか」と何回も聞かれたそうです。韓国人は漢字が読めますが、飛田をヒダと読む方が多いと思います。運良く韓国の係官がトビタと読んでくれたので、ヒダの名前で何のチェックもなく帰ってきたのです。

この78年の訪韓以降3年間、私は韓国のビザを取れませんでした。そのころの韓国はブラックリストがきっちりしていたようです。日韓NCC－URMの2回目の協議会は、81年に関西セミナーハウスで開催し、83年の第3回協議会でまたソウルに行くことになりました。まだキリスト教が弾圧されている時代ですが、韓国のキリスト教は力を持っていて、KCIAとの政治折衝で参加するメンバーをブラックリストから外し、ビザを発給させることに成功しました。

ビザを貰ってもちょっと不安でした。案の定、リストからは外れたけれどまだ名前は残っているようで、金浦空港で係員がコンピュータでパスポート番号を入力したら、なにかマークが出たようです。本部(?)に電話で問い合わせているのです。マークのついている人物が入ってきたということなのでしょうが、「飛田」といっているのです。「飛」の漢字を韓国語で「ナルピッチャ」(飛ぶという字のピ)と言っているのです。結局OKということで、無事入国することができました。

最近はツアコンとしていろんな人を連れて行ったりしますけど、この事件からは大分時間がたっているのに、いまでも過去についたマーク（?）のために、少し時間がかかることがあります。ツアー参加者が不安になったらいけないので、韓国の入管手続きはトップで出るようにしてます。

阪神大震災と南京絵画展

中国への旅のきっかけは１９９５年の阪神淡路大震災でした。よく私たち神戸の人間は大震災の年の一年間で、10年分ぐらいの人に会ったと言いますけど、中国人との新しい出会いもあり、その人たちとの縁で、96年のゴールデンウィークに南京大虐殺をテーマした展覧会をすることになりました。95年の秋に話が出たのですが、ニューヨークに在住する中国人の画家が描いた20点ほどの南京大虐殺の絵を展示する計画で、97年が南京大虐殺の60周年に当たるので、その前年に開催したいということでした。地震で大変な時だと思うが、神戸で開いて欲しいという要請です。

南京大虐殺をテーマにしたものですから、結構精神的にきつい絵もありました。日本人がゴルフをしているところに、しゃれこうべ、頭蓋骨が描かれていたり、南京大虐殺の有名な写真の構図をつかって描いた絵もありました。

迷いましたが、みんなで相談して開催することにしました。学生センターを事務局にして当時の神戸ＹＷＣＡ会館前にある王子ギャラリーを会場にしました。これは昔の関西学院大学の建物でとてもいいギャラリーです。講演会は、ＹＷＣＡ会館で開きました。展覧会では中国人画家の絵だけではなくて、丸木位里《いり》・俊《とし》夫妻の描いた「南京大虐殺の図」も丸木美術館からお貸りして展示することにしたのです。中国人の描いた絵ももちろん大事ですけども、日本人が描く絵もちょっとお金はかかるけど一緒にやりたい、ということになったのです。丸木位里さんの絵は写真でご覧になったりするでしょうが、幅8メートル、高さ4メートルのとても大きなものです。有料の展覧会でしたが、2千人を越える人が見にきてくれました。

南京大虐殺60周年・1997年

展覧会が終わってから反省会を開いたのですが、その反省会も盛り上がってこの絵画展実行委員会を解散するのはもったいないということになったのです。この時の結論は、少なくとも来年の8月、南京大虐殺60周年の97年8月には「侵華日軍南京大屠殺遇難同胞紀念館」に行こうということでした。そして記念館に行くために「神戸・南京をむすぶ会」というのを作ろうということになったのです。

97年8月、南京への旅は若いメンバーも含めた28名の参加者で実現することができました。私は、南京に行くのは初めて、南京大虐殺記念館も初めてでしたから、その時受けた衝撃は大変強烈なものでした。それ以前に何回か、展覧会や幸存者証言集会を開催したことがありましたが、南京で聞く証言はまた別の迫力がありました。私たちは南京市内の虐殺現場をいくつかフィールドワークした後、記念館へ行って話を聞きました。現地で見聞きしたことは、本当に実感がわきました。

私たちはその後もほぼ毎年、南京で南京大虐殺の跡地をめぐるフィールドワークを行っています。毎年行くから記念館のスタッフも新しい証言者を一生懸命捜してくださる。そういう証言を聞くという旅をしています。南京の他に、もう1カ所、日本軍に関係のある所に行くことにしています。日本軍が攻撃したところ、占領したところはたくさんあります。

掘り起こされたままの万人坑

1997年の第一回の訪問の時は、淮南というところに行きました。行きはバスを利用したので8時間ぐらいかかりましたが、帰りは飛行機で帰りました。淮南というのは、パールバックの小説『大地』の舞台となったところです。淮南というのは、南京から車で8時間もかかるのですが、1937年12月の南京大虐殺の翌年の8月頃にはもう日本軍が占領しています。ものすごいスピードで進軍したのですね。私たちはバスで結構迷いながら行ったのですが、やっとたどり着いた炭鉱はその当時も操業中でした。南京占領後、そんなに奥地まで進軍しているのです。もちろん進軍には中国人も強く抵抗したと思います。バスの長旅では、その距離を実感することができました。

淮南はそれほど観光地でもないし、戦争遺跡や記念館なども整備されていません。現在中国各地に記念館がありますが、そもそも中国の戦争遺跡が整備されたのが80年代だそうです。何で整備されたかというと、1982年に日本で教科書事件が起きたことが原因だというのです。南京の記念館もそうです。中国では日本軍の蛮行は常識となっていましたから、わざわざ作ることもないだろうと万人坑記念館などはそんなにたくさんなかったのです。82年に侵略を進出と書き換えた例の教科書事件で、中国側から批判されましたが、あの頃から歴史記念館を作らなくてはならないという雰囲気が中国側に出てきたと言われています。南京の「侵華日軍南京大屠殺遇難同胞紀念館」ができたのも85年です。私たちはその後もいくつかの史跡を回りましたけれど、記念の石碑の設立年を見ると85年前後のものが多いのです。

淮南は田舎でもありますし、立派な記念館はありませんでした。ここでショックだったのは建設途中で予算がなくなったからと、周囲を囲んだだけの万人坑の跡があったのです。南京記念館は一定の整備がされて遺骨も展示されています。遺骨が一部並べ直されていて、今ではそれがよくなかったといわれていますけれども、淮南はそのままの姿で置いてあるのです。万人坑は遺体が放り込まれたところですから、幅3メートル、深さも3メートルぐらい、長さが10メートルの穴を何本か掘ってそこに遺体を埋めたのですね。

淮南の万人坑は建設途中で、掘り起こしたそのままの状態で遺骨が重なっていました。近くまで行っていいのですか、と聞いたらいいというので、近くまで行ったのです。工事中ですから遺骨の上に40センチ幅ぐらいの板を渡してあるのです。板を渡ったりして、まさに掘り出したそのままの遺骨を見ました。すぐ私の目の前に遺骨がある万人坑にびっくりしました。

露天掘りの撫順炭鉱

2回目の訪中は1998年、南京とともに撫順を訪ねました。大きな露天掘りの炭鉱があるところです。露天の炭鉱をのぞいてみたかったのですが、実際に行ってみたら、覗いて見られる世界じゃない。露天掘りの穴は狭い方向で3キロ半（?）、長い方向で11キロ。さすが大きいなーと思ったら、これは楕円形の短い方向だと言うのです。向こう岸が見えないのです。穴の中を列車が螺旋状に上がっていくのです。向こう岸がかすかに見えて、南の10キロなんかまったく何にも見えない、そういうところです。日本はこのようなところで多くの中国人労働者を働かせ犠牲者も多く出たのです。

黄土高原の太原市を訪ねて

3回目の99年には、南京のあとに太原・大同を訪ねました。この時の旅はあとで考えるとコース、日程とも無謀でした。最後は北京でしたが、夜行列車に2回、昼の長時間の列車に一回乗ったのです。メンバーは生水は飲まないように気をつけていたはずですが、この時18人行って16人がお腹を壊したりして倒れました。4人が点滴を受けて、そのうち一人は入院しました。どういうわけか私ともう一名だけ無事でした。結局、北京での最後の夜に中国側が用意してくださった北京ダックのご馳走はほとんどの人が食べることができなかったのです。本当に残念でした。

なぜ太原まで行ったかというと万愛花さんがおられたからです。万さんは、抗日活動家でしたが、当時日本軍に拉致されて警備所かなにかに拘束されて、強姦されました。彼女は「慰安婦」という言葉を拒否している方で、日本軍に拉致・監禁されたということを訴えて裁判をされています。東京の裁判でしたが、その前年に彼女に日本に来ていただいて神戸で証言集会を開きました。その話を聞いたら、「来年は太原に行こう」ということになったのです。

太原は思っていた以上に田舎で、日本軍がよくこんなところまで侵攻してきたなというところです。日本軍は攻めて入って村を抑えて高台を抑えてその村を占領しました。そこの女性を何人か山の要塞に連行したのです。万さんらの裁判は山西省裁判といわれているものですが、一審の東京地裁で負けてしまいました。

７３１部隊とハルビン

次の年（２０００年）は南京・ハルビンでした。ハルビンの７３１の現場に行きたかったからです。ハルビンには歴史記念館がありますが、そこは当時の日本領事館で、それがそのまま記念館になっているのです。とても立派な建物ですね。ちょうど２０００年に中国に大水害があった時には、水害記念館みたいになっていました。そこを改修して、何年か後には本格的な抗日記念館にするということでした。地下の部屋に展示室がありましたが、抗日の運動家たちがこの建物で拷問を受けて殺されたりしていたところです。裏口がありましたが、そこは亡くなった人があると、その裏口から死体を運び出したということです。ハルビンの記念館が整備されたら是非、もう一度訪ねたいと願っています。

７３１部隊のあった場所はハルビンの郊外・平房にあります。車で1時間半ぐらいでしょうか。ほんとに大きな敷地です。ねずみの実験室というのもありました。その中には普通のマンションも建っているのです。世界遺産に登録しようということで、そのマンションを取り壊して復元する工事がすすめられています。世界遺産に登録されると日本政府は嫌がるでしょうけど、そうなればおそらくアウシュビッツのような世界遺産になると思います。日本人はアウシュビッツに理解を示すほどには日本の加害行為に理解を示しませんが、加害の歴史を日本人の心に刻むためにも７３１部隊の関連施設が世界遺産に登録される必要があると思います。

７３１部隊といえば有名な煙突があります。その煙突も大きいもので、直径は4～5メートルもあり、中に入ることもできます。今は壁しか残っていませんけれども、７３１部隊が１９４５年8月15日以降に爆破して日本に帰ったので、建物は壊れているのです。でもあの煙突はあまりに強固で壊れなかったそうです。阪神大震災の時も煙突は壊れましたが、一番壊れやすいはずのものがちゃんと建っているのです。よほど頑丈にコンクリートで煙突を作ったから残っているのです。煙突の横だけ壁が完璧に残っているので写真を撮ろうとしましたが、煙突があまりに大きいので、よほどしゃがみこむか魚眼レンズでないと全体を写せないという代物でした。

中国の友人ガイド

私たちの南京ツアーには最初の時から戴國偉さんという、留学経験はないけれどもよく日本語のできるガイドがずっとついてくれています。南京生まれ南京育ちの方で、時々、関西弁も使って案内してくれます。毎年、ツアーが終わると新しい調査をして次の年には、「南京市内に新しい慰安所跡が見つかった」とかというように案内してくれます。２００５年には南京神社の跡を探して私たちを案内してくれました。南京には最近でも、新しい遺骨が発見されたりしたことを契機にそこに新しい虐殺の記念碑ができたりしますが、そういう場所にもすぐに案内してくれます。

戴さんと付き合い始めて3年目ぐらいの年、実は彼のおじいさんが日本軍に殺されているということを話してくれました。これだけ仲よくなったのに、何年もそういう話をしなかったのです。彼は歴史のことがわかっている人なので、新しい南京関係の本が日本で出版されると持っていって彼に渡すのですが、よく勉強をしているな、といつも感心しています。

戴さんは職業ガイドですから日本人に普通の観光ガイドもします。南京は古都ですから、観光地がたくさんあります。その観光ガイドのときに南京大虐殺の話をしたら怒りだす観光団がいると言って心を痛めていました。できるだけやわらかい表現で、60数年前にこんなことがあったという話をしただけで、そんなこと聞きたくないと拒絶する日本人も多いと言います。

南京大虐殺への日本軍のふたつの道

２００1年には戴さんの提案で上海から南京、そして杭州に行くことにしました。日本軍は南京を攻めるときに二つのコースから攻めているのです。ひとつは長江（揚子江）に沿ったコースで、もうひとつは上海の西の杭州の方からも攻めています。南京が陥落するとき、長江沿いに攻めた部隊に対して、杭州から北上した部隊が南京の城壁から逃げ出す人を待ち構えて攻撃したので大惨事となったと言われています。

このときは川沿いのコースを蘇州で一泊して南京に行き、帰りは南京—杭州のコースを南下しようというになりました。本多勝一も『南京への道』で、杭州湾上陸作戦の場所について書いています。なかなかわからなかったのですが、戴さんに一所懸命捜してもらったおかげでそこまで行くことができました。当時の写真からたぶんこの辺りだということでした。そこには解放直後の、１９４７、８年に作られた石碑も残っていましたが、それはセメントで固めたものに文字を彫っているだけですから、もう字も読めないような状態でした。

日本軍の重慶無差別爆撃

２００2年には南京フィールドワークののちに重慶を訪問しました。無差別爆撃はアメリカの専売特許ではなくて、日本もドイツもしています。重慶でも中国側のパートナーが重慶爆撃時の「幸存者」を捜してくださり、私たちは現地でその方のお話を聞くことができました。多くの被害者が出た防空壕跡にも行きました。防空壕といっても9千人とか1万人が入るような大規模なものです。そこでほとんどの方が亡くなったという有名なところなんですけれども、そういったところも見学しました。重慶は一部が三峡ダムの建設によって様相が変わると言われているので、その前に訪問したかったのです。

重慶は中国の内陸部に位置しますが、そこを流れる長江の周りは平野が広がっているから水量も速さもそれ程じゃないと思っていたのですけれども、まったく違っていました。淀川なんて話にならない、本当にこれぞ濁流といった激しさで、水がものすごい川幅を流れている。それを重慶から下流何十キロのところで堰止めてダムを作るのだそうです。もう貯水が始まっています。重慶の役人が115万人強制移動させる、町が何個か沈む、10年ぐらいの間に強制移住させる、とこともなげに言っていました。町をいくつか沈める際にその町の下水処理や消毒をしてから貯水を始めるわけですから、本当にたいへんなことだと思いました。そこには風光明媚で有名な観光地がいくつもあるのですが、河辺の寺院などを高台の方に再び建築するのでしょう。重慶はすごく険しい山々に囲まれたところですが、市内に20万人規模の団地を作るんだとか、そんなことも言っていました。

なぜ、旅順・大連か

2003年は南京、旅順、大連に行くことに決めていました。でもこの年にSARS事件が起こりました。私たちの間でこういうときこそ行くべきだという意見もあったのですけど、私はちょっとびびってしまったのでこの年は中止にして、２００４年に行きました。

なぜ旅順・大連を選んだかというと、うちのメンバーの中にもファンがいる加藤周一が、何年か前に南京大虐殺の前に旅順大虐殺があったということを書いているからなのです。いまでも加藤周一が月一回ぐらい「朝日新聞」に書いているコラムに旅順の事件のことがでてくるのです。日清戦争の時に、日本軍は朝鮮半島でいろいろ悪い事をしていますが、その後遼東半島まで行って旅順で民間人の虐殺事件を起こしているのですね。そこに国際監視団があって、その事件を英字ニュースで流しているのです。加藤周一はそういうことを紹介しながら、南京大虐殺事件と似ている、日本軍の起こした事件が世界には情報として流れていたけれども、日本国内には流さずに隠した。それなりの責任追及をしなければならないのを頬かむりした。１８９４年に起こしたこの旅順事件からスタートして同じ構造の南京大虐殺（１９３７年）に繋がっているのだと、そういう文章があるんです。それでどうしても旅順・大連に行きたいと思いました。

安重根と旅順監獄

旅順にはもうひとつ、伊藤博文を射殺した安重根が処刑された所として知られています。旅順はまだ「未解放区」、一般の外国人観光客をいれないところです。ですから旅順監獄などを見学することで出発直前まで中国側と交渉しました。中国は官僚社会ですから、許可が出ないのにガイドが勝手に記念館なんかに連れて行ったら怒られるのです。旅順監獄跡も中国人が訪問するのなら何の問題もありません。中国語では「教育基地」と言いますが、外国人には解放されていないのです。最初は私たちのパートナーである北京の友誼促進会から「飛田さんダメですよ」と言われて諦めていたのです。でも調べてみたら福岡の教職員組合が旅順監獄を見学しているんですね。その記録を中国にファックスで送りました。以前に日本人の団体で旅順監獄に入っている団体があるということは、入れるはずだと。それで最終的にはＯＫになりました。

そこには私たちが聞いていたとおり安重根の部屋もそのまま残してありました。そこで安重根はいくつかの書を書いています。最近も、仙台在住の日本人で旅順監獄で看守をしていた人の家から安重根が書いた額が出てきたという新聞記事がありました。監房には硯らしきものが置いてありました。

処刑場もありましたが、そこには裏の出口があって、死体をそこから運び出したのです。また絞首刑にする場所に紐が３本ぶら下がっていました。ソウルの西大門刑務所では一本の紐がぶら下がっていましたが、旅順には３人を同時に処刑できるようになっていたのです。そして下のほうに木の甕が置いてあるのです。なんですかと聞くと、硬直する前にそこに入れるというのです。そうすると死体が小さくなるというのです。それでそのまま裏の墓地に埋めていたというのです。最後のほうでは木がもったいないからと底の抜けた甕に入れ、硬直した死体だけを運んだそうです。もちろん刑務所内でも抵抗運動がありました。裁縫するための作業室で反乱が起こって、はさみを割って刀にし、それで監獄から脱走した事件があり、失敗して殺された人を称えた革命烈士の記念碑もありました。大連も日本と関係の深い場所です。

「侵華日軍南京大屠殺遇難同胞紀念館」

お話ししてきましたように「神戸・南京をむすぶ会」はＳＡＲＳが蔓延した年をのぞいて毎年8月に南京を訪問しているのですが、15日朝には侵華日軍南京大屠殺遇難同胞紀念館前で中国の人々といっしょに追悼集会を開きます。記念館の庭には虐殺された30万人を象徴して石が30万個近く敷きつめられているのです。その一角に休憩するような広場があってそこを私たちが1年目と2年目にそのあたりをうろうろしていたのです。

次の年行ったらそこを掘り返しているのです。記念館の拡張工事で掘ったところ、骨がたくさん出てきたというのです。その遺骨はまだ吹きさらしでそれぞれの遺骨に名札がつけられ番号がふられているのです。親子のものもありますし、頭骸骨が陥没している遺骨もあるのです。その前の年に、この辺も虐殺現場に近いとか一部その場所であると言いながら、うろうろしていたところです。その上も歩いていたはずのところです。記念館あたりには池があって共同墓地として使われていたということは聞いていました。何も知らずに毎年歩いていたところから遺骨が見つかったということにショックを受けたのです。

毎年ツアーが終わると来年は南京のあとどこに行こうかという話になります。南京、重慶といったから、「三大熱釜」の武漢に行こうとかいう冗談めいた話もでてきます。武漢ももちろん日本の侵略戦争に関係したところです。昔の戦闘機は上海・南京を占領してもそこから重慶まで直接飛ばすことができなかったようです。飛行距離が限られていたからです。蒋介石政府は南京、武漢、重慶と首都を移すのですが、首都である南京を占領して、次に武漢、重慶に逃げるのですね。日本軍は武漢地域を占領してやっと重慶を爆撃することができるようになったようです。その重慶を訪問しようという話がでています。

韓国「祭」ツアー

私はもともとはコリア派で、中国大陸より朝鮮半島の方をより多く訪ねています。神戸学生青年センターでも主催プログラムとして韓国ツアーをやりました。

ひとつはお祭り系です。意義付けとしては伝統的な祭りの中にコリアを発見するということですが、このツアーは文句なしに楽しいものでした。

韓国の祭りの中で一番のお勧めは１９９６年に行った江原道江陵の端午祭ですが、珍島の海割れの「霊登祭」もお勧めです。

この珍島の自然現象はほんとうに面白いです。観光ガイドが、みなさん今から海割れの場所に行きますが2時間程すれば、観光バスが通れるような道ができます、というのです。みんな、まさかと思いましたし、高台のバス道路から見たらどこに道ができるのか全然見当がつかないような海なのです。駐車場まで行くと全国からバスが３００台、人間が2万人、と集まります。私たちは屋台をのぞいたりしながら最後まで歩いたところにあった店で長靴を借ります。珍島の入り口でもレンタルしていたのですがガイドさんの、ここでは500円だけど現地に行ったら200円ぐらいで借りられるからという指示に従って最後の店に着くまで長靴は借りませんでした。まだ潮が引かないけれど、たくさんの人がみんな長靴をはいて歩き出します。私たちもまだどこが割れるかわからないけれども、みんなが歩き出しているところについていくのです。そうしたら見る見る割れるのです。モーゼの十戒のようです。砂地だから潮が引くと本当にバスが通れるような感じです。実際入り口あたりが岩だらけですのでバスは入れませんが、割れたところは本当にバスが通れるような、1メートルや2メートルじゃなくて広いところは4メートル、5メートルの道ができるのです。でも長さが3キロ弱あるので時間的に往復はできないのです。面白いのは、貝拾いをしている人、タコを捕まえている人、歌って踊っている人たちがいて、陸地側、島側でも物凄い数のさまざまな屋台も出ます。みんな大騒ぎしています。私たちも結構騒ぎました。

最後は決断が必要となります。向こう側に渡って船で帰ってくるか、早めに引き返して歩いて帰ってくるか。なにせ3キロですから、のんびりしてたら間に合わないのです。結構いいかげんなツアコンで、みなさんどちらかにしてくださいねと言って海割れの道で解散するのです。懸命に歩いて陸地に戻った人もいますし、うちのメンバーには朝鮮語のできる人も結構いるので、島まで渡って、帰りは値切り交渉して船で帰ってきたグループもあります。

私は歩いて戻りましたが、新郎さんが奥さんをおんぶして帰るといった光景もありました。潮が満ちるスピードもとっても速いのです。最後にバスに乗って同じ高台に行ったら、もうほとんど道はないんです。面白いので是非、行ってみてください。でもだまされていました。年に1回という触れ込みでしたけど、実際は毎月海割れがあるそうです。ただ大潮の時に祭りがある。海割れ現象だけが面白いのではなく、韓国人の楽しみ方も面白いですから、やはりこの祭りの時に行ってください。

ムーダンと江陵端午祭

江陵端午祭のほうは、屋台の数が半端じゃないところが面白い。川の両岸に2列の300メートルほど店ができる。堤防の上にまた300メートルほど2列の店が並びます。ちょっとおどろおどろしいサーカスもあります。飴売りもあります。ソウルの街でも時々見かけますが、それより面白い飴売りです。大道芸もあります。バスケットボールを5回投げて何発入れたら商品がもらえるとか、五寸釘を3回で打ち込んだらお金が3倍になって返ってくるといった出しものもありました。お店の人は上手に3回で打つのですが、私は1回目で釘が曲がってしまいました。

そして端午祭で面白いのは、本当のムーダン（巫女）の祭りをそのまま残していることです。端午祭では祭りのど真ん中でムーダンが祖先の霊を呼び込むような儀式をするのです。簡単な屋根のある空間におばさんたちが2、300人で座り込んでいて、その中でムーダンが踊るのです。おばさんたちはムーダンの胸元などにお金をドンドン挟んでいきます。ムーダンは熱狂的に踊り、完全に霊が乗り移ると、亡くなった旦那などになって喋るのです。男のムーダンもいました。

「民草ツアー」

祭りツアー以外にもうひとつ「民草ツアー」というのも企画しています。日本語でも民衆とかいう意味で「民草」という言葉がありますが、朝鮮語でもまさに民の草という言葉があるそうですから、一応これを命名して韓国民草《ミンチョ》ツアーとしてスタートさせました。

一回目は1999年で、日清戦争の原因になった東学農民戦争関連のツアーです。韓国の南西部・全羅道を中心として1894年に「甲午農民戦争」とか「東学農民革命」とか言われている地域を回るものです。農民の反乱があったときに、日本と清の条約によって、日本軍と清軍が朝鮮半島に攻め入り日清戦争が始まったのです。農民軍がソウルに攻め入ろうとした道を私たちはバスで、たった2日間ですけど、辿っていきました。途中で温泉に泊まったりもしました。いろんな石碑もありますし、あるところでは朴正熙大統領が作った石碑があって、それに対抗するように別の解釈を書いた結構立派なものがすぐ横にありました。なかなか興味深いツアーでした。

「済州島4・3事件」

もうひとつ民草ツアーとしては、2000年に済州島の四・三事件をテーマにしたものも企画しました。韓国では今はもう独裁政権ではありませんが、解放後にはパルチザンなどで活動した人は「逆賊」とされていました。政権が変わって今は名誉が回復されました。1948年の済州島の四・三事件の時に赤だといって殺された人の名誉も回復されています。日本では、戦前の横浜事件のような事件でも名誉回復がなかなかなされませんが……。

済州島には、済州島四・三事件の被害者のお墓があるのですが、それが興味深いことに、戦後の歴史が表れているのです。例えば、朴正熙が作った石碑が壊されてそのまま置かれており、その横に新しく四・三事件の追悼碑が建っているのです。私たちが済州島に行った2000年は、四・三事件が再評価される歴史の変わり目のようなときだったと思います。現在はもっと立派な記念公園ができていると聞いています。

歴史の勉強もされている大静教会の方が案内してくださいましたが、済州島の南西部には日本軍の史跡がたくさん残っています。日本軍が作った飛行機格納庫などが残っているのです。私は神戸大学農学部の卒業ですが、兵庫県加西市にある大学の実習農場の敷地の中にも飛行機格納庫などが残っていることを後に知りました。セメント不足だった戦中にしては、飛行場の施設は結構立派に、鉄骨も入れてセメントで作っているのです。だから簡単に壊せないのです。済州島にも畑の真ん中にそのまま残っていました。

韓国の「人間魚雷」基地

フィールドワークのためには事前の勉強も必要ですが、勉強しすぎるのもよくないですね。あまり写真などで予備知識を沢山詰めこみすぎると、ちょっと見て、これかと思って安心して、すぐに通り過ぎたりしますから。最近は済州島のフィールドワークノートが出ていますが、現地で案内を聞きながら、ここがパルチザンの司令部だったのかなどと納得しながらフィールドワークしました。

日本軍は人間魚雷の基地を済州島に作ろうとしました。海岸に大きな穴が7個ほどあいていました。日本軍が米軍の上陸地点として考えて、最後の総攻撃をするための軍事施設として島の南西部に作ったのです。未完成で穴は途中で行き止まりですが、そういう跡が残っていました。日本国内もそうですけれど、戦争末期には朝鮮人を動員して作らせた地下工場やトンネル工場がたくさんありました。済州島にもこんなものを作っていたのか、というのが驚きでした。

北朝鮮への旅

一度だけ朝鮮民主主義人民共和国にも行きました。これは「民草ツアー」とは命名しませんでしたが、翌2001年に行きました。小泉首相が行く前だったので時期的にはよかったと思います。私は北朝鮮の体制そのものには批判的ですが、やはり現地を訪問したいと思っていました。募集したら10人集まりましたので実現しました。中国の瀋陽経由でピョンヤンに行きました。

中国のときもおなじようなことが言えますが、事前にどういう交通機関でどこに行くかということを相手側と詰めることになります。最初私たちは瀋陽から北朝鮮に列車で入りたいと希望しました。しかし北朝鮮側は飛行機を勧めるのです。もしトラブルがあったらその後のスケジュールが全部おかしくなったりするから、飛行機で入ってくださいということでした。帰りは列車がＯＫとなりましたが、行きは、関空から瀋陽に行き、そこで一泊してから翌日飛行機でピョンヤンに入りました。北朝鮮では私たちはわりと行きたい所に行けました。まあ旅行者としては見たほうでしょう。また予想どおりのことなのですが、パスポートが入国後に回収されました。北朝鮮と日本は国交がないのでピョンヤンに日本大使館はありません。逃げ込む場所もないからいいか、という冗談を言ったりしていました。在日朝鮮人が北朝鮮に入る時には、私たちよりももっと厳しい監視下に置かれることもあるようです。

38度線の「板門店」

38度線の板門店に韓国側から2度行ったことがありますが、北側からも行きたいと思っていました。韓国側から板門店に行くよりもよほど簡単でした。韓国から板門店に行ったときはMPが出てきて、いかにここは危険かという説明を聴いたのち、ジーパンをはいている人は普通のズボンに着替えさせられるなど戦々恐々としていました。そんな体験がありましたから、北側からの時はどんな様子なのかなと思っていましたら、拍子抜けしてしまいました。

私たち10人の団体に2人の通訳がついたのですが、1人は監視するようなちょっとえらい方で、もう1人が若い人です。板門店ではまず将校が街についての説明をし、その通訳が訳してくれます。簡単なオリエンテーションのようでした。そのあと2人の通訳がどこかへ消えてしまい、将校と私たちだけが残されました。

実は事前に私たちは、北朝鮮では朝鮮語ができると言わんほうがいいですよ、と言われていました。メンバー10人のうち3、4名は朝鮮語ができるのですが、そのことは言いませんでした。私たちだけになったときにその将校は、「どうぞ何でも聞いてください」と言ったのです。将校は私たちが考えているよりもフランクな態度で、紋切り型ではなくて自分の言葉で説明してくれました。さすがに突っ込んだ質問はしませんでしたが、いろいろな話を朝鮮語でしたのちに、では行きましょうということで会議室から歩いて外へ出たらすぐに見慣れた38度線でした。韓国側から入った時は説明を聞いた後、バスに乗っていったのですが、このときはすぐ目の前に38度線がありました。そんな意外なところもありました。

私たちは旅行中にそれなりに要求をして良かったと思いますが、時々ガイドが「どこそこに行きましょうか」と言うのです。そのとき、地図などを見てその場所が田舎やはずれた所の場合は必ず行くようにしました。板門店の時も帰りに「南の見える監視台があります。特別ですけど行きますか」と聞いてきました。もちろんイエスです。そこに行く道は本当に田舎道でした。大型バスが通ったことのないような道を行くわけです。またその時に、バスがエンコしたので、人海戦術的な農作業の様子もすぐ近くで見ることができました。年を取った女性のように見えましたが、結構若い人だったような気もします。

「皿回し」交流

「有名な滝がありますが、行きますか」というので、「ハイ」と応じました。滝は水不足でほとんど水が流れてなくて観光としてはもうひとつでしたが、民家すれすれの山間の道を通りながら、庭という庭にトウモロコシが植えられているのを見ました。その他にも工場の敷地や、斜面のようなところでも土地という土地にはトウモロコシが植えられていたのが印象的で、これでは水害が起こりやすいなと思ったりしました。

朝鮮戦争時の米軍の虐殺事件の記念館などに行った時も、田舎の風景に接することができました。普通の道を通ると人々の暮らしを見ることができます。反対に高速道路は面白くないですね。

余談ですが、皿回し道具を持っている人がグループにいて、旅慣れている人で、旅先で言葉が通じないときには一芸をということで、北朝鮮でも皿回しをしました。そうしたらウエイトレスなど地元の人たちが寄って来ます。それを機会に彼女らと話をすることもできました。

帰路は私たちの要望どおりに列車で平壌から瀋陽まで戻りました。国境まで監視のガイドがつくのかと思っていましたが、ピョンヤン駅まででした。意外でした。それも昼間の列車です。農作物がたわわに実っているところもありましたし、そうでないところもありました。農村風景を見ながらの旅でした。

北朝鮮の最後は新義州です。そこで1時間ほど出国税関手続きで待たされましたが、その時別の列車から降りてくる集団を見ました。私は戦後の買い出しのことは知りませんが、多分そのような雰囲気でしょう。私たちが乗っているのは立派な国際列車なのですけれど、そうでない列車なのです。メンバーの1人がその写真を写したのです。そうしたら女性の税関職員にすごい剣幕で怒られました。「何でこんな汚いところを写すのか」と言うことです。フィルムの没収という雰囲気だったのですが、すでに私たちと仲良くなっていた男性の税関職員が仲裁に入ってくれておさまりました。その男性職員は検査のときに皿回しの道具をみつけて、これは何だということになったのですが、メンバーが実演をして見せたらとても喜んでくれて仲良しになったのです。

ブラックジョーク

最後に私たちの北朝鮮ツアーでの二大ジョークをご紹介しましょう。ピョンヤンに着いた日のことです。年配のガイドが日本語で、「こんな怖い国によう来ましたね」と言ったのです。入国してすぐのことで非常に緊張している時ですから、わざとそんなふうに言うのです。まあそれでちょっと緊張が取れましたけど。

もうひとつは開城でのこと。開城は板門店に近いところで、それこそ諸説あるらしいけれど、京都が空爆されなかったように朝鮮戦争のときに米軍は古都の開城を空爆していないのです。これには、昔の家並みが揃っているからという説と、そこで秘密の休戦会談が開かれていたからという説があります。昔の家並みを残した有名な旅館があるんですが、私たちはそこに泊まりました。設備はそれほどじゃないですけどいい雰囲気でした。北朝鮮の旅行会社は、そこには泊まってほしくないみたいで、ピョンヤンからの日帰りをすすめてきたのですけど、私たちはそこに泊まったのです。夕食のとき通訳もウエイトレスも例の皿回しに挑戦していました。皿回しといっても本格的なものではなく、東急ハンズで売っている余興用のものですが、早い人なら30分か1時間くらいの練習でできるようになります。

2人の通訳もできるようになりましたが、メンバーの中でいくら練習してもできない人が2人いました。年配の通訳ですが、「明日の朝までに皿回しができない人はパスポートを返しません」と冗談を言ったのです。彼は日本のことをよく知っていて余裕があるんでしょう。完全に1本取られました。実際に北朝鮮を訪問し、この目で社会の一端を見ることができたのは、いい体験だったと思っています。

アジアと日本

現地を見て現地に学ぶということは大切なことだと思います。今回の講演のテーマは、「アジアの中の日本」ですが、日本とアジアは完全に繋がっています。ですから日本の靖国参拝を巡るような変な動きも、隣国との関係に反映します。それは当たり前のことです。

つい最近のことですが、ドイツで目抜き通りにアウシュビッツ記念碑ができたという報道がありました。私はドイツに行ってないから知りませんけれど、巨大なモニュメントで亡くなった方の名前が刻まれているそうです。私のイメージでは、沖縄の「平和の礎《いしじ》」のようなものをイメージしています。日本でいったら国会議事堂と皇居の間にすごい敷地をとって、侵略戦争の史跡を造るようなものだと思います。戦後60年で、ドイツはそのようなものを造りました。日本との落差を感じないわけにはいきません。モニュメントどころかA級戦犯の合祀されている靖国神社に現役の総理大臣が参拝するのですから。

日本でまた最近「慰安婦」という言葉が攻撃されていますし、強制連行という言葉も攻撃され始めています。大学入試センター試験の問題で強制連行をテーマにしたら、それが適当でないとかいう攻撃があったりしています。私が関係する神戸の話でも、神戸港強制連行の調査が進んで、文案なども一部妥協しながら強制連行に記念碑を造ろうとして神戸市と交渉しているのですが、神戸市は右翼が怖いからか（?）ＯＫと言わないのです。

私たちはアジアの中で暮らしているわけですから、過去の歴史を真摯に総括することが必要なことですが、まだまだ日本側の努力が不足しているのではないか、と思っています。

（共助会での講演／共助会２００６年3月第５９９号より）

02　随想　済州島行（1984年）

四月二八日より四日間、あこがれの韓国済州島《チェジュド》へ行ってきた。山好きの私は、済州島の漢拏山《ハルラサン》へ是非とも一度は登ってみたかったのだ。

二、三年前からゴールデンウイークにツアーを組んで済州島へ行こうという話は出ていたが、旅行客の集中する時期で、航空券が取れなかったりで実現しなかった。今年こそはと二月頃から神戸市内の旅行社にお願いしていたが、それがOKになり、十一人で出かけた。十一人は、むくげの会のメンバー五人と、学生センター朝鮮語講座の生徒らであった。ツアーとして予約したのは往復の航空券と三泊四日のうちの一泊目と三泊目のホテルだけで、あとは各自、自由行動ということであった。

四月二八日午後二時四〇分の大阪―済州直行便に乗りこんだ私たちは、機内食をたいらげ、飲み放題（?）のビールをガツガツと飲んでいると、もう高度を下げ、済州空港に降りてゆく。菜の花の黄色が目に飛びこんでくる。

空港からホテルへは専用バスで約10分。ホテルは新済州（旧市街＝旧済州に対してこういう）にある瑞海《ソバ》ホテル。二、三年前にできた新しいホテルで、ソウルなどからの新婚旅行のカップルが多かった。ホテルに荷物をおいてさっそく出かけることにする。済州市内の名所の一つである龍頭岩《ヨンドゥアム》ヘタクシーで行く。火山島である済州島には石が多く、奇岩もまた多い。龍頭岩は龍の形をした岩で、旧済州の西端の海岸にある。写真を見てイメージしていたものよりかなり小さく、少々ガッカリした。

しかし、ここに来てよかった。龍頭岩のそばの道を海岸におりてゆくと、海女たちがとったばかりのアワビやナマコを「アジョシ、イチョノン（おじさん、二千ウォンですよ）」と売っている。さっそく一皿注文する。小さめのあわび三、四個となまこを二匹バケツから出し、包丁であわびを貝殻からはずしブツブツと切る。ナマコもブツブツと切り、いっしょにしてバケツの海水で洗ってお皿にそれをあけて出してくれる。日本円にすると六五〇円くらい。とても一人で食べられる量ではない。焼酎も買ってそれを飲みながら食べた。トウガラシみそのようなものをつけて食べるのだが抜群だった。今回の旅行の中でこれが一番おいしかった。

■돌하르방（トルハルバン）

夜は龍頭岩の近くにあった高級レストラン風のところに入るのはやめにして、みなでブラブラと旧済州市内を歩きまわり、20人も入れば満員になるような食堂に入って韓式の夕食をとった。そしてホテルにもどり、こんどは新済州をうろうろしてそれぞれ寝た。

翌二九日と三〇日は自由行動の日だ。二九日の夜には、島の南側の西帰浦《ソギポ》の韓式旅館をとった。そこで一応集合することにするが、来てもいいし別のところで泊ってもいいということだった。同行の信長夫妻は、知りあいの西帰浦の教会の日曜礼拝に出席すべく一番早くタクシーでホテルを出た。私は予定として、二九日には北から三〇日には南から漢拏山へ登るつもりだった。しかし、朝から雨が降っている。結局その日は、一年前のハネムーンを再現すべくツアーに参加した山根夫妻をホテルに残し、残りのメンバーは島の東側をまわって西帰浦へ行くことにした。

まず世界最長の洞窟として名高い万丈窟《マンジャングル》へ行き観行客が入れる1キロ奥まで入った。景色のいい城山日出峰《ソンサンイルチュルボン》にも寄り、その峰にも登った。西帰浦では正房瀑布《チョンバンポッポ》、天地淵瀑布《チョンチョンポッポ》を見た。海に直接おちる正房瀑布は優雅であった。西帰浦の韓式旅館は二人一室で八千五百ウォン、瑞海ホテルに比べるとずい分と安かった。

■風で飛ばされないように縄でくくってあるかやぶきの家（日出峰付近）

翌三〇日は天気も上々、いよいよあこがれの漢拏山だ。旅館で各々、水筒に麦茶を入れてもらい、簡単な朝食をすませてタクシーで出発した。ハイキンググループは七人だった。

第二横断道路を通って登山口の一つである霊室《ヨンシル》に着いた。霊室案内所で一人四百ウォンの入山料を払い登山届をすませた。

案内所の警官の話では、現在登山できるコースは霊室コースと御乗生《オスンセン》コースだけだという。おそらく今年は雪が多くて登山道の整備がまだすんでいないのだろう。当初、観音寺《カヌンサ》コースをおりる予定だったが、しかたなく御乗生コースをおりることにした。

霊室はすでに海抜一、二八〇mの地点。一九五〇mの漢拏山山頂まで残りわずか六七〇m。帰りも御乗生コースなら6・1㎞。「六甲山なみだ、軽い軽い！」ということになり、花をめでたり、木をめでたり、写真を撮ったり、ゆっくりゆっくりと登っていった。

霊室コースは、川はきれいだし、花も多く、変化に富んだすばらしいコースだ。

■漢拏山山頂の火口の中にある湖、白鹿憚（ペンノウタン）

ゆっくり登りすぎたために昼までに山頂に着けなかった。一六〇〇mぐらいの雪田の近くで昼食をとることにした。今年は寒さのせいで雪が多く残っているという。あちこちに雪が残っているのは楽しいが、例年なら今ごろ山中がチンダルレ（山つつじ）に染まるのにつぼみがまだ固かったのが残念だ。

日本の山では「こんにちは」と声をかけあう。私も「アンニョンハシムニカ」とやってみた。それに対しおりてくる人はほとんど「スゴハシムニダ（ご苦労さまです）」という。なるほどと思い、今度は下りの時に「スゴハシムニダ」と言ってみたら「アンニョンヒ、ネリョガシプシヨ（元気に【気をつけて】お降りください）」と言ってくれた。これが韓国ハイキングのきまり文句かな、と思ったりした。

昼食後はピッチをあげて頂上に向かった。頂上直下の30分は急坂だ。垂直に近いような鎖場も一部にあった。丁度、高校生の修学旅行と重なり、鎖場がネックとなってなかなか登れない。二時頃になってやっと頂上に着いた。山頂の三、四㎞の火口の中に白鹿潭があった。白鹿潭は、一部に雪をかぶりきれいだった。

下りは速いピッチで御乗生コースをおりた。御乗生コースは霊室コースに比べると変化がない。五時ごろにやっと山をおり、バス道路に出た。しかし、バス停の支柱がどこにもない。不安になったがしばらく待つとバスが来て、手をあげると止まってくれたので乗りこんだ。あとで聞くところによると山にあるバス停の支柱は強風のため倒れるので初めからたてていないとのことだ。石、風、女の多いという済州島ならではのことだ。

夜には十一人全員が済州市のホテルに集まり、やはり一度は焼肉をということで食べに出た。

最終日は午後二時に再びホテルに集合することを約束して三々五々旧済州へ出かけていった。各々、名所をまわったり、本屋をまわったり、市場へ行ったり……、荷物をかかえてホテルにもどってきた。そして空港から午後五時十分発の釜山経由の飛行機に乗った。飛行機ではまた、ゴルフバッグなどをもった多くの日本人男性の観光客を見たのにはガックリきたが、とてもすばらしい四日間だった。

（むくげ通信84号、１９８４年5月27日）

03 延辺朝鮮族自治州への旅（1988年）

今年（1988年）六月、中国より私に一通の「招待状」が届いた。七月下旬に中国の延吉で開かれる「中日関係学会」への招待状である。「中華人民共和国教育委員会外事局」の印があるいかめしいものだ。しかし、これは特に私個人に来たというものではなく『中国の朝鮮族』（大村益夫訳）をむくげの会が自費出版したことに対するお礼のようなもので、同書の編集代表である延辺歴史研究所所長・韓俊光先生らの骨おりによるものだ。学会というのには少々気遅れするが、せっかくの機会だと思い、学生センターに出張としてもらい出かけることにした。

実は、今回の旅の目的は二つ。一つは、文通を続けている柳東浩氏に会うこと、もう一つは白頭山に登ることだ。学会に呼ばれたのに不謹慎なことだが仕方ない。柳東浩氏は延辺朝鮮族自治州に住む朝鮮人で、日帝時代朝鮮義勇軍で闘った老闘士。私が、『季刊三千里』に書いた文章を読んで、手紙をくださったことから文通が続いている。

旅の準備は万全とはいかないが、北京には大学時代の友人の平塚潔氏もいる。中国語は「ニーハオ」とマージャン用語しか知らないが、延辺朝鮮族自治州までたどりつけば朝鮮語も通じて、なんとかなるだろうとひとり旅をすることにした。平塚氏には、長春の東北師範大学で日本語教師をしていたときにむくげの会のゲストとして来てもらったことがあるが、現在は北京外国語大学で日本語教授法を教えている。

いよいよ七月一二日午後三時三〇分、中国民航922便は大阪空港を飛び立った。十一日間の旅のはじまりだ。しばらくしてジュースがでる。私は、飛行機に乗ると（?・）ビールが飲みたくなる。キャビンアテンダントにそういうと、「ない」という。私の席はエコノミークラスの最前列。ファーストクラスをチラッとのぞくと、私のひがみか、ビールを飲んでいるようにみえる。次の食事の時間に今度は中国語で「我要碑酒」と書いてみせたが「ソーリー」とのこと。完全にあきらめた。

午後六時、上海空港に着く。ここは通過するだけだが、一旦ロビーに降りて入国手続きをする。トイレに行くと「小便請上前一歩」とある。どこでもいっしょだなあ、などと考える。中国は日本と一時間、時間差があって五時過ぎのはずだと思いながら、上海空港ロビーで時計をみると、私の時計と同じ六時になっている。今度は世界地図の世界の時計をみると、なんと東京が七時過ぎになっている。日本から来た人間の時計が、さわりもしないのに一時間進んでいるのである。狐につままれたような、あるいはパンダにでもつままれたような……。友達になった広島大学の学生とワイワイ言っていたら、前に座っていた人が、「中国はいま夏時間だ」という。ああなるほどと納得したが、勝手に東京の時刻まで夏時間にしていたのでこちらもあわてたのだ。

午後七時、再び飛行機に乗り込む。大阪→上海はガラガラだったが、上海→北京の国内線は沢山の人が乗ってきた。七時五〇分やっと離陸。ちょうど夕日が沈む時間だ。アナウンスでは、北京まで一時間三五分とのこと。

九時二五分、着陸体制に入る。いよいよ北京だ。機体が止まるとタラップのついたトラックが近づいてくる。ドアは開いたがみんな降りる気配はない。どうも北京ではないらしい。なにかトラブルがあったようだ。そういえば中国語のアナウンスだけ何回かあったようだ。近くの席の大学教授風の中国人に英語でどうしたのか聞くと、「北京空港の天気が悪い。ここは天津だ。一時間待つか、一泊するかはわからない」とのこと。天津はいい天気だが、なかなか離陸する気配はない。九時に北京に着くはずの飛行機を平塚氏、そして明朝の九時の北京→長春の航空券を持つ北京の旅行社の人は待っていてくれるだろうか……、不安がつのる。

あせってもどうしようもない。アメリカ映画が始まったのでそれを観ることにする。スリルとサスペンスの映画だ。中国民航も乙なものだと観ていたが、どうも際どい場面はカットしているみたいな感じ。男女がベッドに入ったりしたらすぐ場面が変わるのである。やはり、中国の解放政策もここまでかなどと考えたりする。

映画も終わり、夜中の十二時、もう天津泊まりを覚悟しなければならないのかな、と思うころエンジンが回り出した。この間、約二時間半、日本だったら乗客が騒ぎ出すだろうに中国人はおおらかだ。ときおりドアのところに来て外を見るくらいで、悠然としている。

天津→北京は約二十分、北京空港に着く。なかなか出てこなかった荷物を持ってロビーに出たのは、午前一時二〇分。平塚氏は、待っていてくれた。感謝感激!! 旅行社の「〇〇様」と書いた紙切れを一枚一枚見ていくが、私の名前は見当たらない。広大の学生の旅行社も来ていないみたいだ。二時一〇分、やっとタクシーをさがしてもらい空港を出発。途中で同乗させた広大の学生をおろし、宿泊予定の北海賓館に行く。チェックインしようとすると予約が入ってないという。北京往復、北京→長春の航空券代、北京一泊の代金十六万円を大阪の旅行社に払ったのにと怒ってみても仕方ない。

そのうち北京の旅行社がやってくる。空港で私が大阪の旅行社のバッジをつけていなかったから会えなかったという。そんなこと聞いてもいないし、わしはもう知らん。長春行きの航空券は持ってきたが、もう早朝の飛行機での長春行きはあきらめていたので、旅行社がなんといってもキャンセル。北海賓館で平塚氏に中国語でいろいろ言ってもらってなんとか一緒に泊まる。四時半、消灯。

翌朝九時三十分、北海賓館を出て、バスを乗り継ぎ北京駅へ行く。『地球の歩きかた・中国』を見ると、「北京のバスは荷物を持って突進するのみ」とあるが、まさにそのとおり。平塚氏と荷物をかかえてエイヤーとバスに飛び込んだ。料金は五分ないし一角だから日本の感覚では安いことはたしかだ。中国の通貨は人民券と兌換券があるが、一元＝一〇角＝百分、日本円では一元＝約三七円。バス代は二〜四円ということになる。

十一時すぎに北京駅に着く。外国人専用の切符売場で翌十四日の三時五〇分発の長春行きの切符を買ってもらう。中国に来て初めて知ったが、中国では汽車でも飛行機でも発駅でしか切符を販売しない。それも五日ぐらい前から予約して買うという。だから、北京↓長春の切符は北京で買い、長春↓延吉の切符は長春で買わなければならないのだ。出発前、単純に、長春まで飛行機で行ってしまえば、その後はなんとか延吉までたどり着けるだろうと考えていたがそう簡単ではないらしい。一日も早く延吉に行きたいが、長春に着いてから延吉行きの切符を独力で買う自信はなくなった。

後のことはまた後で考えることにして、その日は北京をブラブラすることにした。そして夜は平塚氏の宿舎である友誼賓館に泊めてもらい、購入した時刻表を見て、ああでもないこうでもないと、どのようにして延吉にたどり着き、どのようにして北京に戻ってくるか研究した。七月二三日には、学生センターの朝鮮史セミナー「いま、韓国の歌謡曲がおもしろい」のために、北京から七月二二日発の飛行機に乗って大阪に帰らなくてはならないのだ。

旅の三日目、一四日の朝、前夜の研究のとおりに活動を開始する。まず平塚氏の東北師範大学時代の学生が働いている日中青年旅行社に行った。そこでは帰りの二一日の北京↓大阪の再確認を依頼し、さらに、長春の旅行社に連絡してもらって、①長春↓延吉のできれば一五日、だめなら一六日だめなら……の汽車の切符を買って長春駅に私を迎えに来てもらう、②帰りの七月二一日、長春↓北京の航空券を予約し購入してもらう、③、②がだめなら二〇日の北京行きの夜行の汽車の切符を買ってもらうことを頼んだ。きっちりとやってくれそうだ。

少し安心して、昼食を新橋飯店でとる。青島ビールがうまい。食事をしていて偶然にも、出原氏に会った。氏はアジア市民大学で活動をしていた人で、十数年前からの知り合いである。いま中国にいて現地採用の形で日本の商社に雇われ、キャビアの輸入をしているという。

午後三時五〇分、定刻に長春行きの汽車は出発した。一一四六キロ、十五時間の夜行列車である。四人部屋の寝台車（軟臥）で、中国人が三人であと私。もう筆談しかない。「我来日本神戸、我行延吉為参加中日関係学会」てな具合である。いろいろ筆談していて、中国人のうち二人は台湾から親戚を訪問に来た「党兄妹」であることがわかった。もう一人は山西省からきたという。筆談するには中国の簡略字より台湾の漢字のほうがずっとわかりやすかった。なにしろ暇なのでよく話をしたが、台湾人に夕食まで御馳走になってしまった。その日は早い目に寝た。

翌朝、予定を二時間半ほど遅れて八時四〇分ごろ長春（旧「新京」）駅に到着。だんだん私の時間感覚も大陸的になってきた。駅前で旅行社の人が「飛田雄一先生」と書いた紙をもって迎えにきてくれていた。延吉行きの軟臥は、一五日も一六日もとれないので、一五日の「硬座」をとったとのこと。連日の夜行列車はきつい気もするが、それをよしとして夕方六時四〇分の列車まで市内見物をすることにした。

ラストエンペラーの傅儀の故宮が吉林博物館になっている。白頭山は檀君神話で朝鮮人が降りたった場所だが、満州族の故地も白頭山であるという。傅儀の部屋から見える庭園の一角には白頭山が造られていた。博物館には、日本帝国主義の「満州」侵略、中国人民の闘い、「従皇帝到公民」の傅儀の生涯などが展示されていた。平頂山の万人坑の写真の展示、両手足を縛りつけ踵の下に煉瓦を置き、膝の上を煉瓦で叩く拷問室の模型が特に強烈であった。

午後は南湖公園に行ってボートにも乗った。一〇元払ってオールを二本貸してもらい、そこらにつないであるボートに適当に乗るという方法だ。鉄製の重いボートで漕ぐのに力を要した。

帰りの長春→北京の航空券も購入しておかなければならない。旅行社に聞くと、中国民航は二日前からでないと販売せず、また購入にはパスポートが必要だという。パスポートを長春に置いて延吉にいく訳にもいかないので、予約だけいれてもらい（予約にもなぜかパスポートが必要だった）帰りに長春で買うことにした。

夕方、長春駅にもどり、六時四〇分発の図們行に乗る。今度は延吉まで四四七キロ、十一時間の旅だ。一四号車（硬座）一〇一番の席を探し出したが、そこにはすでに人が座っている。その周りに立ってる人も沢山いるが、遠慮して延吉まで立っていくわけにもいかない。延辺朝鮮族自治州への汽車だ、朝鮮族もいるだろうと少し大きめの朝鮮語で切符を見せながら、「ここは私の席だ、代わってほしい」といった。そしたら、そのブロックに二人の朝鮮族の女性、Aさん、Bさんがいた。一〇一番の席をあけてくれ、また、いろいろと親切にしてくれる。長春では旅行社での支払いで手間どり、缶ビールも買えずに飛び乗ったため、のどがカラカラだ。北京から長春までずっと暑くて、脱水状態になってはいけない（?）と、こまったなあーと思っていたら、自分のコップ（中国での汽車の旅には必携）にお湯をくんできて飲ませてくれた。

あなたは外国人なので車掌がきたら軟臥が空いてないかどうか聞いてあげるという。筆談でなく朝鮮語で、いろいろとしゃべった。日本人が延辺まできて朝鮮語を喋っているのがおもしろいらしい。中国人の中学生ぐらいのグループとは筆談をしたが、「あなたは兌換券を持っているか」と聞いてきた。人民券と兌換券は1対1・5とか言われているが、子どもまで交換したがるのである。私は今回の旅行では、お金の交換と日本留学の話だけはしないことに決めていたので交換しなかった。

横で成り行きを見ていたAさんは私に、「トン（お金）トッケビ（おばけ）のようだ」と言っていた。中国人（ここでは朝鮮族も中国人なので本当は漢族といわなければならない）に具合悪い話は朝鮮語で喋るというようなこともあるようだ。

一時間ほどして車掌さん（漢族）が来たとき、Bさんが、私のことを言ってくれた。しばらくしたら、また戻ってきて「なんとかなる」とのこと。その次の駅あたりで、別の車掌さん（朝鮮族）がやってきて軟臥に移動しようという。そこでハプニング、Bさんと車掌さんがヤーヤーと親しそうに喋っている。その車掌さんはBさんのおじさん（父の兄）だというのだ。私は、Aさん、Bさんにお礼をいって軟臥に移動した。そこは四人用の軟臥だが車掌さん用の部屋。私とその車掌さんだけだ。駅に停まるときは忙しく出ていくが、動いている間は二人でしゃべっていた。聞くとその列車の支配人らしい。一番えらいのである。そのうちビールがでてきた。私の方が、勤務時間でもあるしと気にすると、客人がこられたのだからもてなさねばと、一緒に飲んだ。

途中のぞきにきた部下に支配人が「アンジュ（おつまみ）」を持ってきてくれといったら、もう売店は閉まっているというのにそれもでてきた。また、丁度、きょう長春の短期大学を卒業して図們に帰るところだという娘さんも部屋に呼んで、「この娘は高校時代に日本語を勉強していたから日本語を喋らせてくれ」という。しばらく、三人で日本語、朝鮮語のチャンポンでわいわい喋った。娘さんが、帰ったあともまた新しいビールが出てきたりした。

延辺での朝鮮語は朝鮮半島のそれとは少し違うところがある。むくげの会の佐久間さんから、「パップダ」は忙しいの意味だが、延辺では「オリョップタ（困難だ）」の意味でも使うと聞いていた。支配人と話していたら、六〇度のお酒を飲んだ時にのどが「パップダ」となるというのである。中国に来て、切符を買うことの困難さを感じていた私は、中国では、急ぐこと→危険—→困難、となるので、延辺の朝鮮語はパップダ＝困難となるのかなどと勝手に解釈していたが、酒の話にまでパップダがでてきておかしかった。

延吉行の硬座しかとれなかったおかげで、本当に楽しい経験をすることができた。翌朝にはやっとあこがれの延吉に着くと胸をわくわくさせながらも、ビールがまわってきて寝てしまった。

旅の四日目、七月一六日の朝、五時ごろ目をさます。さすがにすでに起きて仕事をしている支配人に到着の予定を聞くと、一時間ほど遅れているという。もうこのくらいのことはなんともない。六時半に延吉に到着。親切な支配人が近くにいる軍人をつかまえて、大切な客人だから送り届けてほしいというようなことを言っている。中国語だからそう言ったのではないかと私が思っているだけだが……。

支配人さんにお礼を言ってから、列車から出てくる沢山の人々と改札へ向かっていった。改札を出ると、すぐ「中日関係学会様」と書いた看板を持って何人かが迎えにきてくれていた。中国国内からも何人かの参加者がその看板の周りに集まっている。延辺歴史研究所の韓俊光先生、そしてわがペンフレンド柳東浩氏の顔も見える。やっと延辺にやってきたのだ。

タクシーに乗って白山ホテルに向かう。白山ホテルは昨年できたばっかりで、豆満江の支流・プルハトン河のほとりにある十階建てのきれいなホテルだ。八、九、十階が外国人用の特別の部屋だという。そこの十階のおそらくいちばん景色のいいツインの部屋にひとりでいれてくれた。

まずはシャワールームへ、と部屋に入って電気のスイッチをつけるがつかない。何回つけてもつかないので十階の受付へいく。さっき入ってくるとき案内人に、「アンニョンハシムニカ」とあいさつすると、「ニーハオ」だったと思うが中国語だったので、また筆談しかないと「洗面所電気故障」とか書いて持っていった。こんどは朝鮮族の案内人がでてきて、一緒に行こうという。そして電気のスイッチをつけると待つことしばらく、ちゃんとつくのである。以前は頭の回転が遅いことを「蛍光燈」などといっていたのを思い出したが、最近はそれを忘れていたのである。案内人が帰った後、何秒かかるのかテストしてみた。ちょうど十秒。この十秒が私には待てずに故障だと思ったのである。原発反対、エコロジカルに、などといつも言っている私としては反省することしきりである。

延辺歴史研究所の人々と朝食をとってから、ホテルの部屋に戻り、シャワーを浴び洗濯をする。北京から連夜の夜行列車だったので、体はドロドロ、やっと生き返った心地だ。

午後、延吉市内を一人でぶらりとした。さすが朝鮮族自治州で、看板は必ず漢語と朝鮮語で書かれている。本屋さんに立ち寄って延吉の簡単な地図を買った。店には朝鮮族と漢族が半分ぐらいの感じだ。店では何人かの店員さんに向かって、少し大きめの朝鮮語で「地図が欲しいけれど、どこにあるか」などと聞くと、朝鮮族の人が答えてくれる。地図を持って市内を少しうろうろしてみた。延吉は、北京でのあの「真夏」がうそのように涼しい。半袖のシャツでは少し寒いくらいだ。延吉は長春よりきれいな街のようにみえた。

中国は日本と反対の右側通行なので横断には注意を要するが、もう一つ中国では車のほうがえらいので人間は車がスピードを落としてくれないことを前提に、速やかに横断しなければならない。横断中、思わぬ近くまで車が来ていてびっくりしたことが何度もあった。

自転車もよく走っているが、一度、ギョッとしたことがある。さっぱりした服装をした娘さんが自転車で走ってきた。横断歩道の前で私はそれを見送った。荷台に何かぶら下がっているので、チラッとみるとそれは「犬」。皮を剥がれた犬が無雑作に荷台にくくりつけられて足をブラブラさせていた。ここの朝鮮族も「保身湯（ぽしんたん、犬汁）」を食べるのだろう。

私は、延辺では保身湯を食べなかったが、十年ほど前、大阪で食べたことがある。今はハワイにいるロン・藤好さんといっしょに猪飼野の専門店で食べた。こげ茶色した汁にねぎ、肉などが入っている。というより、ねぎ、肉以外はよく煮込んでいて何が入っているのかわからなかった。肉の色は、黒っぽい感じだった。その時、全部食べられずに半分ちかく残したが、店のアジュマ（おばさん）は、「初めてでこんだけ食べる日本人は珍しい」とほめてくれたものだ。

夕方には学会の準備で忙しい韓俊光先生が来てくださって、明日からの予定などについてお話をした。一八日から学会が始まるが、二〇日の夜には延吉を出なければならない私のために、白頭山行きを準備してくださったとのこと。感謝感激である。

夕食は、ホテルの食堂でひとりですませる。ここでもチマチョゴリを着た朝鮮族のウエイトレスをさがしていろいろと頼む。その日の夕食のメニューは次のとおり。基本的には中国料理で、鶏の蒸し焼きのうす切り、なすの炒めもの、きゅうりとエビの炒めもの、キャベツのキムチ、トマトの砂糖かけ（これは苦手で砂糖をかけないようにしてもらったりした）、それに泳川ビールだ。その後もだいたいこの線の料理で、少し肉が少ないがどちらかというと菜食派の私は、大満足だ。

夕食後は千客万来。まず柳東浩氏と吉林新聞の李善根記者がやってきた。日本からきたむくげの会の私を取材にやってきたのである。一時間ほどむくげの会のことなどわいわいと喋った。年頃も同じくらいで意気投合し、その後も延辺滞在中、何回かお会いした。帰る時にはカセットテープの八本セットを二組も、一組は私に、一組はむくげの会にくださった。帰国後、送ってくれた吉林新聞の記事が左のページのもの。ほめすぎで少し恥かしい記事だ。

この取材の終わりの頃に、延辺の児童文学に関係されている崔文燮、李泰鶴の両氏が来訪。中国にくる前に仲村修氏から、日本で発行された中国東北地方を舞台にした日本の児童文学作品を贈りたいので誰に送ったらいいか関係者に会ってきてほしいと頼まれていたが、柳東浩氏にそのことを伝えるとこの両氏を紹介してくださったのだ。仲村修氏は神戸学生青年センターの朝鮮語の仲間で、朝鮮の児童文学を翻訳・紹介する季刊『メアリー』を発行し、また、オリニの会という日本語で書かれた朝鮮をテーマにした児童文学を読む会を主宰されている。

·인터뷰·
일본땅의 《무궁화》
본사기자 리선근

■吉林新聞に載った私の記事（1988年8月30日付）

崔文燮氏は中国作家協会延辺分会児童文学委員会の副主任、李泰鶴氏も同委員会のメンバーで自身の作品集『北極のかもめ』をプレゼントしてくださった。他にも、同委員会が季刊誌として出版している『ピョルナラ（星の国）』という雑誌の最近のものを五冊いただいた。他に『少年児童』『少年新聞』なども発行されているという。日本のグループとの交流のことなどをお願いするとたいへん喜んでくださった。

とても充実した延吉の一日目を終え、その日はゆっくりと寝る。北京から連日の夜行列車だったのでやっぱり疲れている。

翌朝、朝食後、八時三〇分に延辺歴史研究所が用意してくださった車で図們に向けて出発。研究所の千寿斗氏と運転手、柳東浩氏と私の四人で約一〇〇キロのドライブだ。車のスピーカーから「釜山港に帰れ」が聞こえてくる。聞こえてくる音楽はほとんどが韓国の歌謡曲。延辺では人気があり、本物もダビングしたテープもよく出回っているという。

途中、図們を目の前にして舗装道路の工事にでくわす。中国の舗装道路は砂利をきれいに敷きつめたあとにアスファルトを塗るという形のものが多いようだが、その工事をしているのだ。いま塗り始めたところだから一時間半ほど通れないと言う。一車線ずつ工事をするというのではない。一度に全部やるので全面ストップだ。しかし、もう大丈夫。ゆうゆうと一時間半、豆満江支流の川の対岸を時々走る蒸気機関車などを眺めてすごす。

図們は、朝鮮民主主義人民共和国と国境を接する都市だ。豆満江をはさんで朝鮮の山々が見え、山腹に「速度戦」の文字も見える。二〇〇メートルくらいの橋がかかっており、実際に川が流れているのは五〇～一〇〇メートルの感じ。上流に向かっていた巡視船が方向を変えると急速に流されていったのをみると、流れは急なようだ。中国側の川辺は公園になっており、旅行者も多い。記念写真用に看板が出ていたり、アベックで顔だけ出せばチマチョゴリ、パジチョゴリの新婚カップルの写真ができるというのもあった。

川辺の公園で三〇人ほどの朝鮮族のお年寄りがテープで伴奏を流し、チャンゴでリズムをとりながら踊っている。日曜日だからなのかと思って聞いてみたが、毎日のことらしい。笑いながらひものついた帽子をクルクル回して踊っていた老人もいた。かれらは引退した人々で、老人会の活動として毎日こうして午前中から踊っているのだという。中国では引退には二種類あるという話を聞いた。「退職」と「離職」だ。現役時代の貢献度によるものらしく、離職の場合は最後の給料の一〇〇%をもらえるが、退職の場合は八〇~九〇%になるという。

図們から延吉にもどり、午後は市内見学。まず延吉博物館へ行った。ホテルから歩いて五分ほどの距離で、古代から現代までの文物を展示している。会議中とかで閉館していたが特別になかを見せてもらった。延辺朝鮮族自治州の歴史を展示していたところが特によかった。日帝時代の「満州」における抗日闘争の写真、武器、ビラ、生活用品などがあった。写真のなかの一枚に日本の共産主義者の「伊田助男」の名前がある。聞くと、この伊田助男が抗日運動の拠点に武器を届けに来たというのである。日帝の悪辣な仕打ちを暴露する展示が続くなかで日本人の私を少し安心させる内容であったが、伊田助男がどういう人物か、どういう事情で届けたかなどはっきりしたことはわかっていないという。

博物館見学の後、延辺大学、そしてその裏山にある延辺朝鮮族自治州の生みの親ともいえる朱徳海氏の記念碑、そしてかつての「満州」国の延辺監獄の跡地に建てられた延辺芸術劇場などを訪ねた。

夕食後、柳東浩氏と街の朝鮮族の飲み屋に行くことにした。ビールとおかずを注文し二人で朝鮮語と日本語のチャンポンで話していると、二人の女性が席にやってきた。一人はその店の経営者で、日本に行って経営の勉強をしたいので日本語を教えてほしいと柳東浩氏に一生懸命頼んでいる。もう一人は北京から来たという女性経営者の友人で同じく朝鮮族の看護師。北京では漢族の学校に入っていたので、朝鮮語より漢語の方が話しやすいという。はじめは、高い外国人料金をとられたらいけないので、韓国から来た同胞にしておこうということで入ったので、「南朝鮮は大田から来た」などと言っていた。しかし仲よくなって、嘘も白状し、いろいろと喋った。

　北京から来た朝鮮族の女性がダンスホールに行こうというので、一緒に出かけることにした。白山ホテルの建物のなかにダンスホールがあったのである。入場料は一人二・五元（約七〇円）。私が払うつもりだったが、その女性が払ってくれる。日本の感覚では決して高くはないが、中国では平均月収が一〇〇元として、ダンスホールの一人分が月給の四〇分の一。たいへんなお金だ。申し訳ないが「払う払う」と言うので甘えて、払ってもらって柳東浩氏と三人、ダンスホールに入った。

　延吉のダンスホールは健康的だ。踊るフロアーは禁酒禁煙。酔っ払って踊りにいくのはダメで、タバコを吸いたければ廊下に出なければならない。着飾った約三〇〇人の若い男女でダンスホールの中は熱気ムンムンだ。ほとんど全部朝鮮族だという。どこの朝鮮人も踊りが好きなようだ。ここでも韓国の歌謡曲がよくかかる。生バンドでも、チョ・ヨンピルの「ミオミオ」などを演奏し、歌も歌っている。私は、延吉で韓国の曲に合わせて（?）、踊りを踊ってきたのである。ホールには、カップルで来ている人も、男友達、女友達だけで来ている人もいる。外国のいろんな曲も演奏していた。ワルツもジルバもゴーゴーもなんでもやっていたようだ。しかし、激しいリズムの「ディスコ」が一番の人気なようで、例えば、ワルツのときは一〇〇人、ディスコのときは二〇〇人がホールの中央のフロアーで踊っているという印象だった。夜、飲みに街へ出たおかげで楽しい経験をすることができた。

翌一八日、いよいよあこがれの白頭山だ。早めに朝食をすませ、準備を整え午前九時過ぎに出発した。車はトヨタのランドクルーザー。山道にはいいのだろう。白頭山まで片道六二〇キロという。六二〇キロといえば、神戸から富士山へ行くのよりまだ遠い。同行の柳氏は白頭山に登るのは初めてだというが、延吉と白頭山はそんなに近くないのである。

今回の旅の収穫のひとつは、「満州」のイメージが変わったことである。白頭山まで延々と広野を走るが、一時間、二時間と走っても景色があまり変わらない。とにかく広いのである。そして、私にとって決定的なイメージチェンジは、「満州」の広野は〈緑豊かな〉広野だったことである。「満州」の話は、例えば冬にオシッコをしたら、その場で凍るとか、耕そうとつるはしをふれば凍てついた大地にはねかえってしまう、というようなことをきいていた。〈広漠たる大地〉〈荒野〉といったイメージだったのである。しかし実際は違った。少なくとも夏は違うのである。牧草地、田んぼ、トウモロコシ畑などが延々と続く緑豊かな大地なのである。日帝が貪欲に「満州」を侵略する〈実利〉があり、だからこそ侵略したのである。このことを実感し、私は「満州」のイメージチェンジができたのである。

歴史の現場を訪ねることは大切なことだといわれるが、途中、「間島五・三〇暴動」で有名な龍井を通った。「五・三〇暴動」の中心地は龍井と頭道溝だと延辺歴史研究所の韓俊光先生にうかがったが、その龍井、頭道溝を実際に通ってみてこの二カ所が一、二キロの距離でなく一〇〜二〇キロの距離であることがわかった。日帝もそう簡単には鎮圧できなかったのだろう、などと考えたりしてみた。また「青山里戦闘」で有名な山々の近くも通ったが、それは広野の中の山塊、ここに逃げ込んでゲリラ戦をやられれば日帝も勝てそうにないなあー、と思った。

車はドンドン走り、午後四時四〇分、白頭山の麓まで来る。まっすぐ行けば長白瀑布、左へ曲れば山頂というところだ。ここから山頂へは本格的な山道で、普通の車では登れないが、私たちが乗ってきたランドクルーザーなら大丈夫だという。山頂まで歩けば二時間、車では四〇分の距離だ。さあ出発、とはいかずに次の車を待つという。次の車は普通のマイクロバスで、山道を登れないのでその車の人を何人か乗せるためだという。

私がチャーターした車なのにと思ったりするが待つしかない。一時間ほど待って四人のアメリカから来た韓国人を乗せて出発した。急勾配でときどきガスがかかり怖いほどだ。天池が見えるかどうか心配だ。車は山頂直下の気象台のところに止まる。目の前には天池の外輪山が広がっている。歩くこと約一〇分、山頂にでた。天池が目の前に広がっている。天気は申し分なく、朝鮮側の外輪山もはっきりと見える。天池の最大の印象、それは「大きい」ことだ。二六九五メートルの山の火口にある湖なのに大きい。周囲が一三・一キロというから当たり前だがビックリした。五〇ミリのレンズではまったく収まらない。連続写真を四枚撮ってやっと全体を写した。

天池はまっさおだ。水深は深いところで三七三メートルあるからこんなに青いのか。山頂から天池の水面まで二〇〇~三〇〇メートルはありそうで、真下をのぞきこむと足がガタガタする。アメリカから来た十数人の韓国人のグループはクリスチャンで、前日に図們でも会った人たちだ。感激のあまり泣き出す女の子もいる。山頂の一番高いところに集まって、讃美歌や韓国の愛国歌（国歌）を歌い、「ハングックトンイルマンセー（韓国統一万歳）」を叫んでいた。

しばらくするとガスがでてきた。神秘的だと考えているうちに、すぐ天池は見えなくなってしまった。三回目に来てやっと天池が見えたと喜んでいた観光客もいたが、私はラッキーだった。白頭山観光は天池が見えれば一泊二日で、見えなければもう一日がんばって二泊三日にするという。車の関係で観光団のうち半数が天池を見て半数が翌日登って見えなかった時など、「はやくかえろう」組と「もう一日がんばろう」組の間で争いが起こると聞いた。

満足して山麓のホテルに入り、夕食後は在米韓国人のグループと歌の交換会をしたりした。かれらは、移民してからだいたい五～一〇年でみんなアメリカの市民権を取っているという。報酬はでないが、飛行機代と宿泊費を韓国側が負担してくれるのでソウル・オリンピックの通訳に行くという青年もいた。

翌朝は、まず温泉に入る。白頭山には九〇度ぐらいの温泉が湧くのである。ホテルのすぐ近くにホテルの温泉があるというので案内人に連れていってもらうが、先客があるので普通の温泉のほうでもいいかという。もちろんいいといって大衆浴場のほうに入る。服を着替える土間は靴のまま入る。まあそうかなあ、と思って次に服を脱いで湯舟のほうに行こうとするとスリッパを持ってきてこれをはいていけという。どうもほんとの湯舟以外は土足となっているらしい。大衆浴場なので近くで働いている労働者が入ってくるが、彼らはまず服のまま湯舟の近くまできて顔や手を洗い、それからおもむろに、という具合である。お湯は少し熱かったがグーだった。

朝食後、今度は山頂ではなくて長白瀑布のほうに登る。車で一〇分ほど登ってから歩き出す。しばらく歩くと長白瀑布が見えてくる。高さ七〇メートルほどの滝だがじつに美しい。天池からはただ一カ所、中国側の豆満江側にだけ水が流れ、それが長白瀑布となっている。あたりには七月の終わりだというのに雪も一部に残っている。滝の左岸に天池まで登れる登山道がある。観光客用に三元で運動靴のレンタルもしている。見たところ一時間ぐらいで登れそうだ。自称・山男の私としては登りたいところだが、延吉までの帰り六二〇キロがあるのであきらめて戻ることにする。またほぼ丸一日の車の旅で夕方、延吉に戻る。

翌二〇日午前中、開催中の日中学術討論会に初めて参加する。二階のホールだというので行ってみたらあのダンスホールだった。ただ正面に会議の横幕があるのと、ダンスの時にはきらきらと光っていたミラーボールが光っていないだけだった。日本の第一線の「満州」研究者が八名参加されていた。日本側の発表の時には、ほとんどの先生方が中国語で発表されていて感心した。無窮花《むくげ》出版社の社長として招かれている私としては、もしあてられてはいけない、と『中国の朝鮮族』の出版のことなど一〇分ほどのスピーチ原稿を作ったが、うまく出番は回ってこなかった。

夕方の列車で長春に向かうことになっている私は、延吉最後の日となったので、午後、また学術討論会をさぼって市内に出た。『誰が第三者か?』という朝鮮語の映画の看板が目に留まったのでその内容を柳東浩氏に聞いてみた。この映画はいま話題の作品で、大学時代に妻に働いてもらって大学に通っていた男が同級生と恋愛した。さて、卒業後、この男は、①好きな同級生と結婚すべきか、②愛は失ったが恩をうけた妻との結婚生活を続けるべきか。まだ長い青春を棒にふるべきではないと①を支持する若者と、恩知らずめと②を支持する年配者との間で論争が続いているという。

最後の散歩も終わり、ホテルで荷物を整理し、夕方、延辺歴史研究所の韓俊光先生たちに見送っていただいて長春行きの夜行列車に乗った。楽しい刺激的な延辺旅行だった。

（むくげ通信１０９号・１１０号、１９８８年7月31日、９月25日）

04 韓国への旅　友を訪ねて三千里

四月末（一九九〇年）に、四年ぶりに韓国を訪問した。これまで四回行ったが、八三年の済州島行き以外はいずれも、キリスト教関係の会議参加のためで、ほとんど自由行動はできなかった。この間、神戸学生青年センターを中心として韓国との交流がすすみ、韓国の有機農業などに取り組んでいる農民運動のグループが度々訪問されている。今回の私の訪韓は、この間知り合った韓国の友人を訪ねる、まさに「友を訪ねて三千里」の旅であった。

四月一六日、往路は日韓共同切符。神戸からソウルまでの、新幹線、関釜フェリー、セマウル号がセットされていて、一万八六〇〇円だった。「友を訪ねて三千里」の旅は、まずはせっかく通過する下関で、元下関べ平連の大谷正穂さんとフェリー乗り場の近くでお会いした。氏は、『市民戦線』というミニコミ誌を長い間出されていて、『むくげ通信』とも「機関誌交換」の間柄だった。最近創刊された『海』という同人雑誌が、送られてきたこともあり、是非お会いしたいと、連絡をした次第であった。組合活動が故に北海道転勤を命じられたことで地労委で争って和解が成立したこと、下関が二十数万の適当な大きさの都市で運動のネットワークもいいことなどをうかがい、すぐ隣のフェリー乗り場へ。

乗り場前のポストがこの写真。韓国ではない。さすが下関だと感心した。料金表によるとフェリーの二等Bは、八千五百円とあり、日韓共同切符には、「特代六千円」とある。乗客が少ない時期であるからか、乗り場は閑散としており、店も小さいのが一つあるだけ。

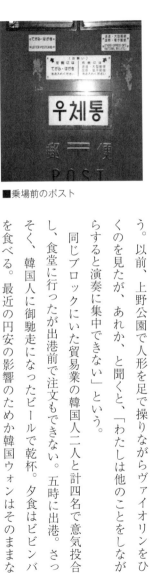

出国の手続きをすませ、お土産のウイスキーも買っていよいよ乗船。船室のひとブロックに四、五人で、悠々としている。一昨年、福岡での全朝教大会の帰りに小倉から神戸まで乗ったフェリーの混雑がうそのようだ。さきほど出国手続きのとき、少し手間どっていた青年と一緒になる。デンマークの学生で、専攻を哲学から心理学に変更したので「その間」を利用して日本にやってきたという。ヴァイオリンが得意で上野公園で大道芸をして六カ月日本に滞在し、少し韓国に旅行するのだという。以前、上野公園で人形を足で操りながらヴァイオリンをひくのを見たが、あれか、と聞くと、「わたしは他のことをしながらすると演奏に集中できない」という。

■乗場前のポスト

同じブロックにいた貿易業の韓国人二人と計四名で意気投合し、食堂に行ったが出港前で注文もできない。五時に出港。さっそく、韓国人に御馳走になったビールで乾杯。夕食はビビンバを食べる。最近の円安の影響のため韓国ウォンはそのままなのに七百円を八百円に訂正してあった。それを見て怒っているデンマーク人は、友人にもらったという箸を持ち歩くエコロジアンでもあった。

船はかなり揺れる。きしむ音、ドアのパタンと閉まる音、物が落ちる音。時にはドーンと体が落ちる感じだ。植民地時代、朝鮮人がもっと小さな船で渡ってきたころはさぞかし大変だったろうと思った。波のためかビールのためか、揺れるままに眠りについた。

《朝》六時ごろ目をさます。船はまだ揺れているが、もう釜山の沖に停泊している。まわりの常連のアジュマ（おばさん）に聞くと、こんなに揺れることはめったにないという。韓国は五度目だが釜山は初めてだ。デッキに出ると写真で見た「釜山港に帰れ」の五六島が見える。入管事務所が開いてから上陸ということで、まだ時間があるので船内をブラブラする。テレビのある二等船室で韓国のニュースを見たり、和室をのぞいたり、ボタンがとれたので食堂のアガシ（お嬢さん）に針と糸を借りてつけたりした。食堂に行くと日式朝食が六百円であったが、つまらないのでやめた。

八時半、接岸。入管の役人はパスポートを見、コンピューターに名前を入力し、ポンポンとハンコを押してパスポートを返すときチラっと画面を見た。一瞬手が止まる。どうも、一九七八年の日韓都市産業伝道協議会に参加した時の記録（？）が出てきたらしい。当時、反政府的な文書を持ち帰ったとして、先に帰国した仲間が金浦空港で足留めをされたことがあり、その後三年間、私にもビザが出なかったが、どうもその件らしい（01アジアの中の日本を参照）。どこかに電話をし、そして席をたってどこかへ。結局なんの問題もなかったが、その役人が戻ってくるまでの二、三分が、長く感じられた。

税関を通り、銀行で両替をして（100円＝437ウォン）外に出ると十数年来の釜山の友人イムさんが迎えにきてくれている。厚かましくも、駅まで送ってもらい、朝御飯を御馳走になり、日本で予約できなかった帰りの飛行機の切符の予約まで頼んで、十時にセマウル号に乗る。韓国で列車に乗るのも初めてだ。ハンギョレ新聞（一五〇ウォン）と朝鮮日報（二〇〇ウォン）を買い、乗り込む。座席は新幹線のグリーン車並みにゆったりしていて快適だ。洛東江にそって北上するが、その流れはゆったりでトンネルも少なく大陸的である。

隣に座った人に韓国語で話しかけると、わからないという。英語で聞くとシンガポールから来た中国人だという。仕事で大邱に来ていてソウルから帰るという。いっしょに食堂車に行って韓式のランチを注文したがなんと七千ウォン。釜山・ソウル間の運賃が一万八三〇〇ウォンだからかなり高い。狭い食堂車なのに空いているのもうなずける。

セマウル号は二時一〇分、定刻にソウル駅に着き、ソウルで三泊する文化旅館へ。そこで韓国の児童文学研究のために留学中の仲村修さんと落ち合い、いっしょに市庁の近くにある「ハンサルリム・モイム」の事務所にいく。ハンサルリムとは、学生センターに何回も会長の朴才一さんらが訪問されたこともあり、交流が続いている。昨年、発表された『ハンサルリム宣言』を執筆された金芝河さんや崔恵成さんがおられ、お話をして記念写真も撮った。夜は、朴才一さん、崔恵成さん、以前、京都に留学していていまハンサルリムで働いている尹君、そして仲村さんと私でサムギョプサルを食べに行った。なかなか美味しかった。

《翌朝》、ハンギョレ新聞社に鄭尚模さんを訪ねる。尼崎での五月三日の朝日新聞の小尻記者追悼「青空表現市」にゲストとして招待する鄭さんと打ち合わせをするためである。午後は、延世大学へ。ケナリ、リンチルダルレが盛りを過ぎていたのは残念だったが、とても広く、雰囲気のいい大学だ。4・19記念のマラソン大会を開催中で、集会も開いていた。

夜は、今年二月に青丘文庫と神戸学生青年センターが韓国キリスト教史研究会のメンバーを招いてシンポジウムを開いたが、今回は私がその研究会の事務所を訪問した。また、夜遅くまでワイワイと飲みしゃべり、文化旅館に帰った。

旅の四日目、四月一九日、ちょうど4・19学生革命の三〇周年記念日だ。その日に4・19墓地を訪ねることも今回の旅の目的のひとつだ。

朝八時、泊まっている文化旅館にキリスト教研究会の鄭燦成氏が来てくれ、朝食に有名なヘジャングック（解腸汁）を食べに連れていってくれる。世宗文化会館の西のヘジャングック通りにあるその中でも有名な店へ。中々の味だった。二日酔いには特によいという。また、日本の迎え酒のことはヘジャンスル（解腸酒）というそうだ。

そして、鍾路書籍に知り合いがいるということで、案内してもらう。友人から頼まれていた本も沢山あり、たいへんだなと思っていたが、鄭さんの知り合いに便宜をはかっていただいたお陰で、喫茶店でコーヒーを飲んでいる間にすべて揃い、郵送の手続きも終わった。

感謝感謝で、次は、もう一軒の本屋の教保文庫へ。ここでも何冊か本を買って、光化門郵便局へ行った。日本に送るためだ。なにしろ本は重いし、これからまだ旅は続くのでできるだけ荷物は軽くしなければならない。光化門郵便局には、荷造り専門の人がいて、本当に職人芸的に荷造りしてくれる。荷造り代は千四百ウォン。前日に延世大学前の本屋で買った少しややこしい本もいっしょに送った。

時間が迫っていたので光化門郵便局を矢のように（？）飛び出したとき、ばったりと関釜フェリーでいっしょだったデンマーク人と会った。すでに紹介した上野公園でヴァイオリンを弾くという学生である。広い韓国、人の多いソウルでのこのような再会は、宝くじなみの確率だろう。数年前、おなじくソウルの教保文庫で写真で見た信長正義さんの若きペンフレンドの女性に会った鹿嶋節子さんの確率並み、あるいはそれ以上だろう（写真でしか知らない人に声をかけた鹿嶋さんとは比べようもないが……）。

午前中、まず漢陽大学の尹慶老先生を大学に訪ねる。尹先生は、神戸学生青年センターで五月に開いたシンポジウム「韓国のキリスト教と民族主義」の講演者のひとりだ。『一〇五人事件と新民会研究』の著書がある。地下鉄の駅から電話をすると車で迎えにきてくださった。城北区の少し小高いところに漢陽大学がある。私が初めて韓国を訪問した一九七八年に、この近くに来たことがある。その時は、日韓都市産業宣教協議会に参加したのだが、会議の後、フィールドトリップで城北区のスラムに来たのだった。当時、許秉燮牧師が地域の労働者のための小さな教会「トンウォル教会」をされていた。短い時間であったが、お話をうかがい、地域を案内していただき、感銘というかショックをうけたものだ。

その許秉燮牧師のことは、昨年、これも学生センターで講演会を開いた李東哲氏からもうかがった。李東哲氏は、小説家として有名だが、平民党の国会議員として昨年の大晦日、韓国の全斗煥前大統領の国会喚問でもっとも激しく攻撃した議員としても有名だ。発言内容が問題となったが、光州事件に関連して「人殺しを人殺しといって何が問題になるのかね」と話されていた。その李東哲氏が目を開かれ、スラムでの社会活動にすすむのに決定的な影響を与えたのが許秉燮牧師だったという。そのとき李氏から、いま許秉燮氏は牧師をやめ、ひとりの労働者として活動しているとうかがった。

漢陽大学の庭ではちょうど学生集会が開かれていた。いろいろな歌の間に各学部の代表の挨拶が続いていた。校舎には、上下一〇メートルはあるような闘いの様子を描いたすばらしい絵がかかっている。話しもそこそこに、朴福美さんの待つ高麗大学へ向かう。朴福美さんは東京の鐘声の会および現代語学塾のメンバーで現在高麗大学に留学中。そもそも4・19墓地に行きたいと思ったのは、朴さんが『鐘声通信』に連載中の「アジュマ（おばさん）通信」の墓地を紹介する文章を読んだからである。

高麗大学の正門前には大きな横幕がいくつかあり、その中に「4・18精神」というのがある。アレ、4・19ではないのかな、まさか間違うことなど……と、高麗大学卒業の尹慶老先生にうかがうと、当時、高麗大学の学生が決起したのは一日早い四月一八日で、そのことを自負とともに掲げているのだという。納得した。仲村修さんも合流して、四人で昼食。飛田、仲村、朴の三人で墓地へ向かった。

墓地の入口附近には機動隊がおり、広場では大学生が思い思いに集会を開いている。奥に進んで記念塔、さらに奥の墓地へ進んだ。土まんじゅうの墓地のいくつかには友人家族が集まり小さな催しをしている。多くの写真、墓、参拝の人々を見て、いまも韓国民衆にとって4・19が深く刻まれていると感じた。

夜には、墓地に行った三人にハンギョレ新聞の鄭尚謨記者、ソウル留学中の藤永壮氏を加えて鍾路の裏道を歩いてサムギョプサル専門店に行った。仲村修氏とは二次会に行き、結局、韓式の文化旅館に二人で泊まった。日本なら一人分追加料金だが、韓国ではひと部屋の代金（七千ウォン）を払うとそれ以上払う必要がない。

翌二〇日の朝、仲村氏は延世大学へ、私はソウルを後にして、天安の独立記念館に向かった。文化旅館で隣の部屋に泊まっていた夫婦も行きたいというので一緒に行った。脱サラして北海道で「どんぐり工房」を開いて木工をしながら非常勤講師もしているという。『地球の歩き方・韓国』に独立記念館のことが載っていないことを憤慨している意識の高い二人だった。

ムグンファ号で天安まで行った。韓国の鉄道では一人の車掌が客の座席の番号を読み上げ、もう一人がそれを記録する。釜山からソウルへセマウル号に乗ったとき、女性の車掌が読み上げ、偉そうなかっこうをしたヒゲの男車掌が記録するというスタイルだった。一人ですりゃいいものを女性に読ませるとは、と思っていたが、ソウル・天安では二人とも男性だった。

天安の駅前からバスで独立記念館に行った。そこの研究員で中国における独立運動を研究されているヤン・ヨンソク氏と会いたいと思っていた。連絡をとると食事中とのこと。一緒に行った北海道の二人と展示を見て回る。ゆっくり見ると丸一日かかる内容だ。次の目的地・礼山に夕方には着かなくてはいけないので、見学もそこそこにヤン・ヨンソク氏に連絡をして落ち合う。思っていたより若い研究者だった。近代部分を大急ぎで説明してもらい、研究室であれこれと話をした。『韓国独立運動史研究第三集』をいただき、またまた、館内の郵便局へ行って、他の本と一緒に日本に送った。今度から韓国に来るときにはガムテープなど包装用具一式を持ってきておいたほうがいいなと思った。

礼山に行くためにまず路線バスで天安に、そして高速バスで礼山にという予定だ。時間もすでに調べてある。終点の天安に着くと午前中に独立記念館へ向かった天安駅とは違う。一体ここはどこなんだ？　ウロウロするがよくわからないし、礼山行きの直行バスもない。しばらくして天安駅とは違う天安のバスターミナルであることがわかった。またまたウロウロして礼山行きのバスを探すが見当たらない。チケット売場で尋ねると、若い女性が向こうだと手で合図をするだけ。隣へ行って尋ねるとまた手で向こうだとのこと。少々気が滅入ったが、さらに奥に行っていろいろ探すと洪城行きのバスが礼山を通過するようだ。チケットを買って一息つき、やっと昼のうどんを食べて三時一五分発の洪城行きに乗った。乗り過ごすことのないように乗るときに運転手さんに礼山を通過することを確認し、着いたら特別に教えてもらうように頼んでやっと安心してバスに乗り込む。

今回の旅行は、翌日に会う人に前日に電話をして会う時間、場所を決めるというスタイルだが、昼夜、いろんな人と食事をし、移動するというので電話で相手をつかまえるのも大変だった。礼山のバスターミナルの前が丁度、礼山農業専門学校で、約束をしていた同校の洪性賛先生が待っていてくれた。洪先生とは一〇年ほど前、マニラで初めて、神戸学生青年センターも関係しているＡＣＩＳＣＡ（社会問題に関係しているキリスト教施設の協議会）の会議でお会いした。その後、学生センターに有機農業の視察で村の青年四人を引率してこられたりされ、是非、一度礼山を訪ねたいと思っていた。

洪先生の車でその日の宿の徳山温泉まで行って荷物を置き、近くにある「尹奉吉１９０９—32義士記念館」に行った。尹奉吉は一九三二年四月二九日、上海虹口公園で日本の天長節祝賀会が開催されたときに陸軍大将・白川義則らを死傷させ、同年一二月一九日処刑された人物だ。私は、尹奉吉が礼山出身であることも知らなかったが、中国に渡る前に礼山で教育事業に携わっていたこと、故郷をでるときすでに死を決意する書を残していることなどを教えられた。案内してくださった洪先生は農業経済の専門家だが「セマウル運動の観点からみた尹奉吉義士の農村振興運動に関する考察」という論文も書かれている。徳修寺にも連れていってもらい、夜は以前神戸で会った人も含めて六人で食事をした。

今回の礼山行きは、アジアからの研修生を受け入れている神戸にあるPHD協会の草地総主事が、私を日本の有機農業の専門家だと紹介したため講演を頼まれてしまったことにもよる。夕方は観光をさせてもらい、また、翌日は午後には全州を訪ねることになっていたので、もう講演会は流れたナァと喜んでいた。しかし寝る前に講演会を朝からに変更したから是非してほしいという。しかたなく、夜中、ビール頭をかきながら準備した。学生センターの唯一の韓国語のパンフレット『兵庫県における有機農業運動と神戸学生青年センターを中心とした市民運動』（B5、10頁）を読んでみたり、一五、六年前、有機農業運動の初期にカボチャばかりできて困まり果てトラックで売りに行ったことなどを思い出したり、いずれにしても漬かりのわるい「一夜漬」だ。

朝、洪先生と講演会のある洪城へ出かけた。町に着くと「飛田雄一先生講演会・日本の有機農業運動と産直運動」という横断幕がかかっている。さあ大変だ。洪城は、プールムー農業高校、信用協同組合、YMCAなどが中心となって有機農業運動に関係をもっており、これから運動を始めようという人たちが五〇名程集まっておられた。ほとんどが二〇代の若い人で、五、六〇代の人も少しおられた。冷汗をかきながら韓国語で「講演」をした。農学部出身の私だが、作物の名前など専門用語は全く弱い。まして韓国語でなんというかなど至難の技だ。こんな形、日本語で×××、などと言って、前列に座っておられる日本語のできそうな老人に聞いてごまかしたりした。日本人が韓国語で喋っていることだけは受けたようで、とにかく約一時間の講演は終わった。

日本語の野菜は韓国語ではサンナムル（山のナムル）のイメージになるようだ。韓国語でよく蔬菜（ソチェ）とか菜蔬（チェリ）というのがよくでてきた。なんのことかよくわからなかったが、野菜に近いという印象だ。

予約していた天安から全州への汽車には乗れなくなったが、車で群山まで送ってくれた。おかげで西海岸のドライブを楽しめた。錦江は、考えていたより大きな川だったし、洪城から錦江あたりまでの海岸地帯は海岸添いに低い山が続いていて道路から海があまり見えないといった発見があった。

■姜貴南先生（KBS 労組争議の支援集会にて）

群山から直行バスで全州へ。もう、韓国の直行バスにも慣れ、時刻表片手にどこへでも行けそうな自信がついていた。一つの街にバスターミナルが二カ所あることもあるとか、直行バスと経由バスがあるとか、出発時刻と発券のタイミングとか……。でも市内バスは、まだ恐ろしくてだめだ。

全州バスターミナルで鄭萬浩氏に電話をする。鄭氏は、十年ほど前、カトリック農民会の有機農業視察団の一員として神戸に来られたプロテスタントの農民運動家で、キリスト教農民会、農村開発院、有機農業運動の消費者グループ的な性格ももつ全北農村問題研究会などの仕事をされている。鄭氏は、その後私が江原道原州の農民運動グループを訪ねたとき、遠路、全州から訪ねてきてくれたりした。氏の農村開発院には前々から行ってみたかった。全州から西へ三、四十分程のところにある開発院に案内してもらい、夜は全北農村問題研究会、キリスト教農民会などの一五名程の方々と交流した。

七日目の四月二二日は日曜日、朝、鄭氏が迎えにきてくれて教会へ行こうという。大きな教会がいいか小さな教会がいいかというので、小さいのといって、不真面目なクリスチャンの私は久しぶりに教会に行くことになった。労働組合の事務所を借りた一〇名足らずの小さな教会で、名前はハンサルリム教会、牧師は姜貴南先生。姜牧師はキリスト教界の民主化運動の長老的存在で、街でもらったKBS労組争議の号外にあったソウルでの支援集会でも韓服を着て先頭で座り込んでおられた。

日本のマスコミは当時KBSのストを過小に報道していたと思う。例えば日本でNHKがあんなに長い期間制作拒否をしたと考えればどんなすごい事態であるか明らかなはずだ。しかし私は、KBSが過去の番組ばかり流していたので、きれいな山の番組などが観られてよかったが……。

姜牧師の説教も迫力があった。旧約聖書創世紀四章にあるアベルとカインの話を題材に、「4・19」の話をされた。アベルとカインは兄弟だが、アベルはカインを殺してしまった［その理由は省略］。アベルが神に捧げものをしたとき、神はアベルに「カインはどこにいるか」と尋ねられた。姜牧師は、真に礼拝することの大切さを語った後、逮捕されたりした自分自身の４・19の時の体験を話された。そして当時の教会が学生たちとともに闘わなかったことを批判し、その時、神は「犠牲者たちはどこにいるのか」と尋ねられていたし、いまも、政治犯など捕えられている人々がどこにいるのかと問いかけられているという説教だった。小さな教会での印象的な礼拝だった。

全州に来ればやはり「全州ビビンバ」ということで、中央会館でビビンバを食べ、鄭萬浩氏と別れて一路光州へ。光州に来たのは、朝鮮大学で日本語講師をしている青柳さん夫妻と、二年前大学生協視察にハンサルリム・モイムの朴才一氏らと神戸に来られた同じく朝鮮大学の全洪変先生にお会いするためだ。まず、青柳さんのお宅を訪ね、それから一九八〇年の光州蜂起で有名な朝鮮大学に案内してもらった。思っていたより建物も学生数も大きな大学でびっくりした。夜は、全先生に魚料理を御馳走になりながら、話がはずんだ。全先生と青柳さんの家が近いというので二次会は青柳氏宅でということになり、また夜中遅くまで喋った。アルコールは入っているし、韓国での韓国語の世界が長く続いているので、韓国語がよくわかるしよく喋れる。日本に帰ってきてその流暢さがすぐに失われてしまったのはしかたのないことであるが……。

いよいよ旅も終局で、翌二三日は再び釜山へ向かう。光州バスターミナルで少し時間があったので光州ＹＷＣＡを訪問する。光州の運動の拠点の一つで、昨年むくげの会の鹿嶋節子さん、センター朝鮮語講座の信長たか子さんらが訪ねたとき、日本の反公害運動活動家たちの講演会ということで彼女らが韓国語で講演をしたところだ。その時は私の洪城講演会の横幕以上に、講演会の横幕をつけたバスが一週間ほど市内を走っていたという。

アジュマ（おばさん）たちは発車前にスルメを買い込む。私も一匹買ってビールでもと思うが、一匹単位では売ってないし、昼からビールなんて⁉　と買わずにいた。そのアジュマたちは、ひとりで二、三匹のスルメをたいらげるのである。昼食に食べているという風だった。

釜山では、念願のチャガルチ市場で生きたタコのさしみを食べた。日本のタコのように吸盤が大きいものではなく、食べやすい。焼酎で食べるのがツウなんだろうが私はビールを飲んだ。箸でつまむとお皿もひっついてくるタコのぶつ切りにはびっくりしながらも食べたが、最後に残った青い目がまだ動いている部分には度胆を抜かれてギブアップした。

釜山では友人の林福圭さん金大植さんにお世話になり、帰りは飛行機で大阪に帰ってきた。日本で買うよりは安い一年間有効の釜山→大阪→釜山のオープンチケット（ついでに大阪—東京往復も）を買ったので、必ずまた一年以内には韓国へ行かなければならないことになってしまった‼　韓国への初めてのひとり旅は、刺激的かつ勝手きままなよい旅であった。

（むくげ通信１２０号、１２２号、１９９０年5月、9月）

05　韓国への旅　神戸電鉄敷設工事で犠牲となった朝鮮人労働者の遺族を訪ねて（1994年）

二年ぶりの訪韓

去る五月一七〜二〇日（1994年）、二年ぶりに韓国を訪れた。神戸電鉄敷設工事の過程で犠牲となった朝鮮人犠牲者の遺族に会うためである。

一昨年（1993年）の七月に結成された「神戸電鉄敷設工事朝鮮人犠牲者を調査し追悼する会」（代表・落合重信）はその調査活動を続けてきたが、当時の新聞記事から、五件の事故で合計一三名の労働者が犠牲となったことを確認した。いずれも朝鮮人である。事故の日付および犠牲者の氏名は、次ページの表のとおりであるが、一三名の犠牲者のうち▲印の八名については鵯越《ひよどりごえ》の火葬場で、台帳より火葬されたことを確認することができた。また表にある本籍は新聞記事に書かれていたものであるが、その本籍地の面事務所に問い合わせたところ、●印の三名の人については遺族を確認することができた（⑨金鳳斗《キムボンドゥ》さんと⑩金東圭《キムドンギュ》さんは親子で犠牲となった）。

④の黄範寿《ファンボンス》さんは、一九二八年一月一五日未明に神戸市兵庫区の東山トンネル（地図の❷）での夜

■神戸電鉄敷設工事での朝鮮人犠牲者（１３名＋α）（神戸新聞と朝日新聞より作成）

【死亡者名簿】

❶ 1927年8月1日　2名　山田町下谷上　竹藪切取り工事中に土砂崩壊
①韓　啓　文　42歳
②趙　鳳　珠　30歳

❷ 1928年1月15日　2名　神戸市東山町４丁目東山トンネル東入口で夜間作業中
▲③金　相　夑　26歳　慶尚北道栄川郡上里面古頃羽
●▲④黄　範　寿　31歳　慶尚南道蔚山郡農所面

❸ 1928年5月7日　2名　山田村原野の字奥谷　石が墜落　下敷
⑤朴　鐘　述　27歳
⑥金　永　得　26歳

❹ 1928年10月23日　1名　鳥原貯水池の奥　トロッコ同士の衝突
▲⑦姜　太　龍　26歳

❺ 1936年11月25日　6名　山田町藍那トンネル東入口　土砂崩落
▲⑧朴　南　槿　32歳　慶尚北道高霊郡雲水面黒樹里
●▲⑨金　鳳　斗　47歳　慶尚南道固城郡下二面月興里
●▲⑩金　東　桂　25歳　同上
▲⑪李　命　福　24歳　慶尚北道盈徳郡南亭面鳳田洞
▲⑫姜　学　守　35歳
▲⑬陳　南　述　30歳

※注　▲印はひよどり越斎場の台帳で確認、●印は本籍地で確認

【重症者名簿】

1. 1927年10月23日　4名重症　鳥原貯水池の奥　県立病院に収容治療
①許　石　道　21歳
②田　慶　泰　29歳
③　？
④　？

2. 1929年1月10日　1名重症　下谷上　神有電鉄軌道内で作業中
①　？　（32歳　中村次郎）

3. 1936年11月25日　5名重症　山田村藍那　林田区の兵庫病院に収容治療
①朴　潤　垣（36歳　木村文吉）
②？　田　潤（23歳　安田文吉）
③変　寅　燦（23歳　太田一郎）
④趙　敬　乞（27歳　田中次郎）
⑤金　炳　慶（28歳　上村　某）

❶～❺の事故現場は次のページの路線図に示した。

間作業中、落盤事故で亡くなられた。東山は、地図の湊川駅のすぐ北にある。私が小学校四年まで暮らしたところから二〇分くらいのところで、小学校の校区外であったが何度も行ったことのあるところだ。金鳳斗さんと金東圭さんは、一九三六年一一月二五日の藍那トンネルの事故で亡くなられた。藍那《あいな》駅より五〇〇メートルほど西にあるトンネル（地図の❺）である。

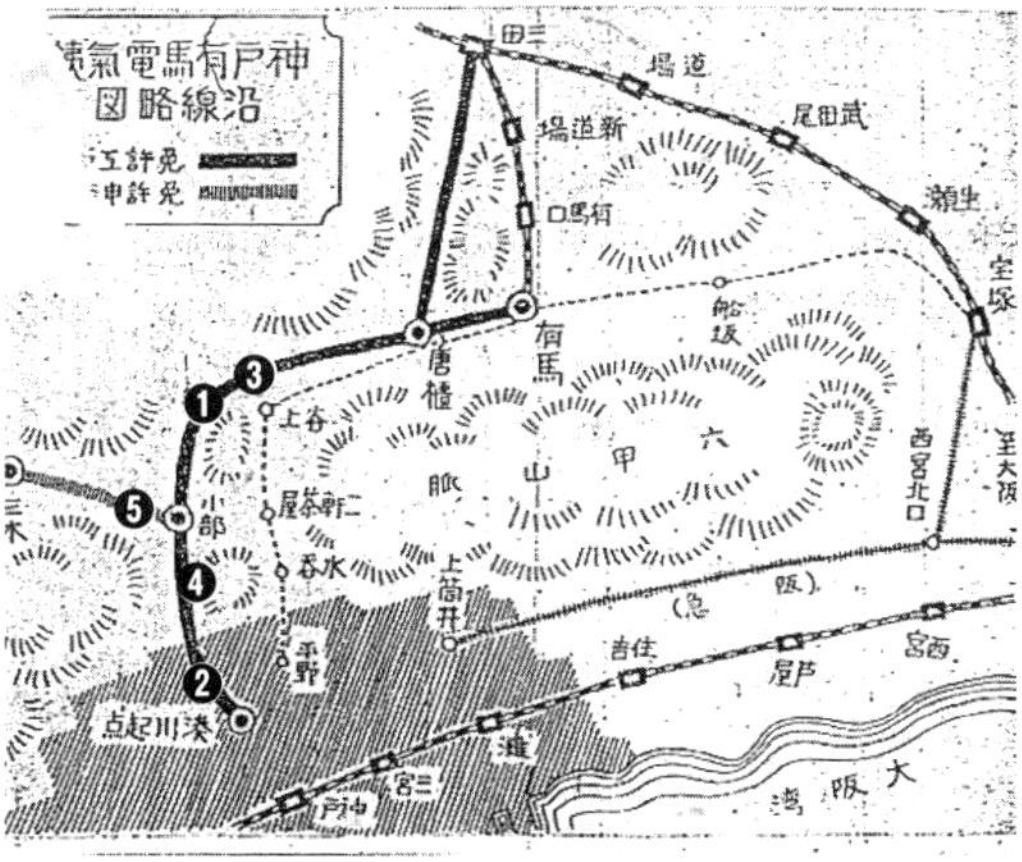

■神戸新聞に掲載された神戸有馬電機鉄道の路線図（1927年7月13日）＊❶～❺は死亡事故発生現場

確認のできた遺族の④黄範寿さんの孫の黄善済《ファンソンジェ》さんと、金漢圭《キムハンギュ》さん（⑨金鳳斗さんの子で⑩金東圭さん〈新聞では桂、戸籍では圭〉の弟）に、今年の四月初めに手紙を書いた。直接訪韓してお話を伺いたいこと、八月の追悼式に来日していただきたいことなどを書き、事故の様子を伝える当時の新聞記事も同封した。しばらくして、お二人から返事をいただいた。黄善済さんは、「恥ずかしいことに私は祖父の死亡原因を知らずに過ごしてきました。最大限の助力をいたします」（黄善済）、「思いがけない消息で私たちはとても驚きましたが、大変うれしい知らせでした。お会いできる日を指折り数えてお待ちしています」（金漢圭）という内容だった。「追悼する会」事務局で相談をし、事務局長の私が代表して訪韓することになったのである。

神戸電鉄敷設工事と朝鮮人

神戸電鉄㈱は、戦後の一九四七年に、神戸有馬電気鉄道㈱と三木電気鉄道㈱が合併してできた会社である。現在では、神戸市内の新開地駅から北東に三田まで、北西に三木を経て粟生《あお》までつながっている全長六六・四キロメートルの鉄道である。一九二五年三月に設立された神戸電鉄の前身の神戸有馬電気鉄道は、まず六甲山北側にある有馬温泉と神戸の市街地を結ぶための敷設工事に着手した。その工事のうち、特に湊川―鈴蘭台間が山間をぬう難工事で、七名の犠牲者が出ている。

また、一九三六年一一月には三木電気鉄道㈱が設立され、翌三七年にかけて鈴蘭台―広野ゴルフ場間の敷設工事が行なわれ、その過程で三六年一一月二五日に金鳳斗さんら六名が死亡する藍那トンネルの事故が起こったのである。

工事を請け負ったのは日本工業合資会社で、同社は小林長兵衛が一九一四年に設立した会社である。小林長兵衛は滋賀県の出身で、阪鶏鉄道（現ＪＲ福地山線）や黒部渓谷の発電所工事を手がけ、また当時植民地の朝鮮で利原鉄山を買収・経営するとともに朝鮮マグネシヤ会社の経営もしていた。小林長兵衛は、神戸有馬鉄道㈱の株のうち個人株主としては最高の五千株（５％）を保有し、息子の小林秀雄も二千株（２％）を保有した。小林長兵衛は一九四一年七月より第七代の社長に就任している（四三年四月死亡により辞任）。そしてまた息子の小林秀雄は一九三〇年から取締役に、戦後の一九四六年四月より第九代の社長に就任している（六〇年五月まで）。「追悼する会」との交渉において神戸電鉄㈱は、「当時の事故は下請け会社がしたことで当社とは関係がない」という態度をとっているが、このような小林一族と神戸電鉄との関係を考えれば、「下請けが…」という態度は、あまりにもひどいと言わざるをえない。

敷設工事の過程では、①一九二七年七月、②同年九月、③同年一〇月、④一九二八年四～五月の四次にわたって労働争議が起こっているが、それは「賃金支払い等」を求めるもので、労働条件が劣悪であったことが察せられる。

固城郡に金漢圭さんを訪ねて

遺族の黄善済さんは蔚山《ウルサン》市、金漢圭さんは固城《コソン》郡におられる。いずれも慶尚南道である。釜山への飛行機の手配をしてから、韓国の遺族に日本から電話をし、訪問予定の日を知らせた。

五月一七日の夕方、釜山に到着すると、むくげの会とは長い付き合いである釜山外国語大学の林福圭《イムオンギュ》さんと釜山滞在中の出水《いずみ》さんが出迎えてくれた。本当にありがたいことに林さんが固城まで自家用車で同行してくれるのである。空港から固城の金漢圭さん宅に電話を入れると、夕食も用意しているので食事をせずにすぐ来るようにとのことだ。固城郡はとても広いが、目的地の下二面《ハイミョン》はその西の端にある。三千浦《サムチョンポ》のすぐ東である。車は金海空港から馬山《マサン》、晋州《チンジュ》を通って三千浦に向かう。三千浦は海岸沿いにあり、夕焼けがとてもきれいだった。空港から二時間ほどかかって下二面に着くと、金漢圭さんが道まで出迎えに来てくださり、昨年九月に借金をして建て替えたという家に案内してくれた。家の隣には農耕用の牛のいる納屋があった。

　金漢圭さんは一九三六年の藍那トンネル事故のとき九歳で、亡くなられた父の金鳳斗さんは当時四七歳、兄の金東圭さんは二四歳だった。金漢圭さんの家で私たちを待っていてくださったのは、金さん、金さんの奥様の李今年さん、近所にいた親戚の趙鏞旭《チョウヨンウク》さん（妹が金漢圭さんの兄と結婚、事故当時一一歳で葬式のことを覚えている）、それに事故当時二一歳であった姉の金順牙《キムスナ》さんの四名である。金順牙さんは戸籍では生存も確認できていなくて、お会いできるとは考えていなかった方である。

　そこでうかがったお話は次のようなことだ。

　日本には、金鳳斗さんとその兄、それに息子の金東圭さんが、事故の五年ほど前に行った。金鳳斗さんは、渡日後奥さんが亡くなられたりして何回か朝鮮に帰ってこられており、その後再婚もされている。当時朝鮮で貧しい暮らしをしていて働くために渡日したという。金東圭さんは、日本に勉強するために行ったが、朝鮮には一度ももどらずに事故で父と一緒に死んだ。

　二人とも村で評判なほど頭がよく、村の人たちは、もったいないことをしたと言っていた。遺骨は、後妻の崔始女《チェシニョ》さん（？）が日本に引き取りに行き、二〇日ぐらい後に持ち帰ったという。当時貧しかったが質素な葬式をし、山に二人の墓を作った。金鳳斗さんの墓は今でも近くの山にあるが、そこはもともと金鳳斗さんが父のために購入していた百坪ほどの土地である。金東圭さんの墓はすぐその下のところに作ったが、そこは人の土地で、数年前に地主が墓を壊して畑にしてしまった。金順牙さんは、墓が急な坂の上にあり、また、行くと悲しくなるのでこの二〇年間行っていない。事故があったのは、旧暦の一〇月一二日で、今でもその日に祭祀《チェサ》をしているという。

事故のあったとき九歳だった金漢圭さんは、同時に父と兄を失い、後妻の崔始女さんは実家にもどり、姉の金順牙さんもその後結婚したため、ひとりで大変苦労をしたという。金漢圭さんのもうひとりの兄＝金龍圭《キムヨンギュ》さんも日本に行ったまま行方不明で、今も龍圭さんのお奥さんはひとりで暮らしているという。

夜は、三千浦の旅館に泊まるつもりだったが、どうしても泊まっていけというので、その日は三人とも金漢圭さんの家に泊めていただくことにした。

金鳳斗さんのお墓にお参りする

翌一八日には、朝からお墓参りをした。お墓は家から二、三キロの、村を見渡すことのできる山の中腹にある。墓標のない土まんじゅうのお墓の前で朝鮮式のお参りをし、私も日本から持ってきたお酒をささげた。金漢圭さんと奥さんは、日本から五八年ぶりに日本人が訪ねてきたことを報告した。すぐ下にあったという金東圭さんのお墓の跡地まで行ってみたが、そこはもう畑になってしまっていた。

金鳳斗さんの奥さんが一〇年ほど前に亡くなられたということで、金漢圭さんらはもう一〇年前に

■事故を伝える神戸新聞（1928年1月16日）と神戸又新日報（1936年11月26日）

来てくれていたらという思いも語られていたが、一方で、もう一〇年遅かったらこのような出会いをすることができなかったかもしれないと話し合った。

昼食もしていけという金漢圭さんらと別れて、一一時ごろ私たちは釜山に向かった。釜山では以前智異山を案内してくれた釜山日報の黄桂福《ファンケボク》さん、そして次の日に蔚山に自分の車で連れていってくださる慶南工業専門大学の金大植《キムデシク》さんにお会いしていろいろな話をした。夕食には「元祖・参鶏湯」を食べ、その日は、釜山駅前のアリランホテルに泊まった。

蔚山、そしてまた釜山へ

一九日は、蔚山に黄範寿さんの遺族を訪ねる日である。朝、ホテルに金大植さんと日本に留学していた金河元《キムハウォン》さんが迎えに来てくれた。蔚山までは車で一時間ほどの距離だ。蔚山のホテルでは、黄範寿さんの息子の奥様＝尹福祚《ユンボクチョ》さんが待っていてくださった。手紙や電話のやり取りをした黄善済さんは仕事でソウルに出かけていて、残念ながらお会いできないとのことだった。黄範寿さんの息子の黄海龍《ファンヘリャン》さんは、尹福祚さんと一九五一年に結婚されたが、六〇年に亡くなられた。尹福祚さんも、今回の訪問を大変喜んでくださり、事故のことなどは伝え聞いただけとのことだが、いろいろ話してくださった。そして、事故当時、生まれて八カ月だった娘の黄戊順《ファンムスン》さんが釜山に健在で、是非会うようにとのお話だった。蔚山で午前中に尹福祚さんからお話を伺ってから、また釜山に引き返し、夕方に今度は黄戊順さんとホテルで待ち合わせた。黄さんは娘さんと一緒にホテルに来てくださった。

尹福祚さんと黄戊順さんからうかがったのは次のような話だ。

黄範寿さんが亡くなられたのは、陰暦の一二月二二日で、亡くなる前の晩秋に日本に行き、その冬に亡くなった。神戸炭鉱で、落盤事故のため亡くなったと聞いていたが、今回、それが、電車のトンネル事故であったことがわかった。骨壷と銅銭ひとにぎりが小包で、死亡後、三カ月くらいして届いた。黄範寿の奥さん＝蔣容順《チャンヨンスン》さんは、死亡後に大変な苦労をしたが、黄戊順さんを小学校まで出してくれたという。

黄範寿さんが亡くなられた東山トンネルでの事故は、一九二八年のことだから実に六八年前の話である。黄さんの遺族は、まさに思いもかけない「関係者」の出現を、心から喜んでくださった。

旅の収穫・旅の反省

その夜は、金大植さんのお宅に泊めていただき、翌二〇日には空港に行く前に釜山大学の教師で以前この通信で紹介した『鴨緑江の冬』の訳者でもある青柳純一さんとその学生たちと話をした後、あわただしく神戸に戻ってきた。今回の訪問では、予想していなかった方にお会いすることができた。固城の金順牙さんと釜山の黄戊順さんである。その意味でも訪韓の目的は充分に達せられたと思う。

それにしても聞き取り調査の中での慶尚道方言は、自分でも情けなくなるくらい理解できなかった。金漢圭さんの息子さんや黄善済さんは、私とそれほど年も変わらず電話で話しても、私の朝鮮語でも問題はなかったが、上の世代の言葉は本当にむずかしかった。取材旅行のジャーナリストとしては失格だったようだ。

いま「追悼する会」が進めている神戸電鉄敷設工事の朝鮮人犠牲者の調査活動は、一九二〇年代、三〇年代のことであり、調査は困難な面も多いが、いくつかの幸運に恵まれていると思う。朝鮮戦争のために植民地時代の戸籍が焼失している場合も多いと聞いているが、今回の遺族が固城郡、蔚山郡と朝鮮半島の南東部におられたので当時の戸籍がそのまま残っていたのかもしれない。また、今回の訪韓では「追悼する会」事務局では私だけが時間を都合して行けることになったが、古くからの友人のいる釜山が調査のベースであったことも幸いなことであった。

また、韓国の遺族に朝鮮語の手紙を書くとき、また、録音してきたテープを聞いてもらったりするのに私の後輩に当たる神戸大学農学部の留学生・鄭燦圭《チョンチャンギュ》さんにも大変お世話になった。今回の旅は、持つべきものは友達だ、と、改めて感じさせてくれた旅でもあった。

「追悼する会」では、神戸電鉄が八月に大池の興隆寺で開く法要に朝鮮人犠牲者の遺族を招くように要望している。しかしそれが実現しなくても、会として遺族を招待し独自の追悼式を開く予定である。会ではみなさんのご支援をお願いするとともに、神戸電鉄敷設工事の朝鮮人犠牲者に関する情報を寄せてくださることを期待している。

＊神戸電鉄と朝鮮人の問題について、次の文献を参照してください。
①若生みすず「神有電鉄工事の朝鮮人土工争議について」（『在日朝鮮人史研究』13号、一九八四年四月所収）
②神戸電鉄敷設工事朝鮮人犠牲者を調査し追悼する会編『神戸電鉄敷設工事と朝鮮人労働者《資料集》』（一九九三年七月）
③金慶海「神戸電鉄をつくった同胞たち」（兵庫朝鮮関係研究会編『在日朝鮮人90年の軌跡—続・兵庫と朝鮮人—』一九九三年一二月）

（むくげ通信１４４号、１９９４年５月29日）

追記　遺族を神戸に招いての追悼式は実現した。この訪問の様子はサンテレビで放映された（１９９９年６月16日）。ご覧になりたい方にはＤＶＤコピーをお送ります。

06 韓国原州に張壹淳先生の墓地を訪ねて（1994年）

韓国の「在野の元老」として知られている張壹淳《チャンイルスン》先生が、今年（一九九四年）五月二二日午後六時三〇分、江原道原州市の自宅で亡くなられた。享年六六歳。ガンであった。張先生は韓国カトリック農民会などとともに二回、神戸を訪問されたこともある。書道家としても知られている張先生の書は学生センターの主事室にも掲げられている。ランの花と「富国都城之栄華不如野花之楽」の文字が書かれたすてきなものだ。

■張壹淳先生（1928～1994）

張先生の書は、お金を払えば書いていただけるというものではないようだ。あるとき張先生にいやな（?）金持ちが「お金はいくらでも出すから」と自分の石碑か何かにと頼みにきたことがあるという。張先生は書いてから二百万ウォン（?）を請求したらその金持ちが、高いと文句を言った。先生は「いくらでも出す」と言ったじゃないかと、お金を出させて運動団体にそのお金を寄付したことがあったという。張先生らしい豪快な話だ。

張壹淳先生の経歴は、ハンギョレ新聞の追悼記事によると次のとおりである。

一九二八年原州市生まれ。ソウル大学の美学科に通っていたが、朝鮮戦争で学業を中断。一九五三年、二五歳の若さで大成学園を設立し、初代校長を務めた。一九五六年からは革新政党である統一社会党に参加し、二回にわたって国会議員選挙に出馬したが落選。一九六一年5・16軍事クーデターの直後には平和統一論を主張したとの理由で三年間監獄に閉じ込められ、出獄後も長い間当局の監視下で隠遁生活を強いられた。

幼い頃に洗礼を受けた張氏は、カトリックを根づかせ、儒教・仏教・道教の伝統思想を探求しながら、共に生きる生き方を重視する生命思想に発展させた。書道家としても優れた実力を発揮し、六回にわたり個人展を開き、その収益金を良心囚（政治的理由で投獄された人）の生活費や生命運動の資金として寄付した。

一九七一年、亡き池学淳《チハクスン》主教と共に朴正熙軍事独裁に反対する街頭デモを主導し、このデモに刺激されて民主化運動に参加した学生たちが一九七三年民青学連事件で多数投獄されるや、彼らの

■張壹淳先生の墓の前で　左から張壹淳、一色、飛田、小林

釈放運動に力を注いだ。張氏は、当時ローマから日本を経由して帰国しようとした池主教に人を送り、民青学連の関係者たちに被《かぶ》せられた共産主義者という濡れ衣を取り除くように求めた。池主教は日本で記者会見を行い、自分が民青学連に活動資金を与えたと表明し、公安当局の政治宣伝に対抗した。

一九八三年からハンサルリム運動の本部を作り、朴才一《パクチェイル》氏、詩人の金芝河《キムジハ》氏らと共に、生命思想実践運動に専念してきた。

一九九三年には李賢柱《イヒョンジュ》牧師と共に老子の「道徳経」を今の現代社会に照らして解釈した「老子の話」一・二巻を出したが、ガンが再発したため、終巻を出すことができないまま、この世を去った。

張壹淳先生と親交の深かった李泳禧《リヨンヒ》先生の書かれた追悼文を文末に掲載する。ハンギョレ新聞に掲載されたものである。

張壹淳先生と親交の深かった李泳禧《リヨンヒ》先生の書かれた追悼文

李泳禧先生は、一昨年（一九九二年）の学生センター二〇周年の記念講演に来てくださったが、『転換時代の論理』などの著書で著名な方である。最近、「転換時代の論理その後」というサブタイトルの付いた『鳥は〝左右〟の翼で飛ぶ』（図書出版トゥレ）を出されている。七月に初版が出ているが、一昨日キリスト教の在日韓国人の人権委員会の会議でソウルに行き、本屋に寄るとその15刷が平積みで置かれていた。

張先生は、兵庫県市島町に住む有機農業運動のリーダーの一人である一色《いっしき》作郎さんと親交が厚く、

「兄弟」の契（?:）を結んでいた。その一色さんが、是非兄貴分のお墓参りに韓国に行きたい、日程は飛田さんに合わせるのでいつでも連れていってほしいという。一色さんは、学生センターの評議員でありまた学生センターが今年五月より始めた「農塾」の塾長でもある。「義をみてせざるは……」ということで、同行することになった。一〇月一八日から二一日までの三泊四日の二人旅で、ソウル、原州、ソウルの順で宿泊した。

一色さんはこれまで度々、韓国の農民運動グループとの交流で訪韓している。一〇年ほど前に私もメンバーに加わって原州に行ったときの印象深い体験がある。一色さんは各地で日本の有機農業運動について講演をしていたのだが、原州の農村部の小さな教会で講演するとき通訳がいなかった。私にその実力はなく、やむなく張先生がその通訳をしてくださることになった。ところが日本語のよくできる張先生だが一色さんが話し出すと、その内容がよく聞き取れないのである。兵庫県の北東にある市島町で農業を営む一色さんは方言がきついのだ。おまけに農業の専門用語がポンポンと飛び出す。やむなく同行の神戸大学の保田茂先生が、一色さんの丹波弁を標準語に翻訳し、その標準語を張先生が朝鮮語に翻訳したのである。三ヵ国語のダブル通訳ではなく二ヵ国語のダブル通訳をしたのである。その夜は遅くまで焼酎を飲んでの交流が続き、張先生も「赤とんぼ」を、「これは本当に名曲だ」と言って歌っておられたのを憶えている。

旅の一日目は明洞に宿をとった。いつも鐘路あたりをウロウロしているので気分を変えてみたかったのである。明洞のホテルで落ちあった神戸大学の留学生でいまは韓国の生協連合会で働いている金起燮さん、延世大学の語学堂に留学中の小林知子さん、そして一色さんと私は、夜、尹静慕《ヨンジョンモ》さんとお会いした。尹静慕さんは『母・従軍慰安婦―かあさんは「朝鮮ピー」と呼ばれた―』（鹿嶋節子訳、学生センター出版部刊）を書かれた作家だ。韓国では初めての高級日式料理店でご馳走になった。小さな白いご飯の上に大きな刺身がデンとのっかっているお寿司などなどであった。

翌日は、金起燮さんが車で原州まで案内してくれた。前日の金起燮、小林、一色、飛田の四人組である。原州は、池学淳神父が活躍されたことでも知られているが、カトリックの勢力の強いところでカトリック農民会を中心としたハンサルリム消費協同組合の活動も盛んなところである。まず池学淳神父らが創立した真光高等学校を訪ね、現在校長をされている張先生の弟＝張華淳さんにお目にかかった。弔意を述べてから張壹淳先生のご自宅に奥様＝李仁淑さんを訪ねた。その家は張先生の訃報を伝えハンギョレ新聞に「在野の人々が疲れ果てたり、独裁政権に追われる時に、訪ねて泊まりながら再び意志を整えるオアシスのようなところであった。全国連合常任議長の李昌復《イチャンボク》氏、詩人の金芝河氏、金正男《キムジョンナム》青瓦台教育文化首席秘書官、李敦明《イドンミョン》弁護士、言論人宋建鎬《ソンゴノ》・李泳禧氏、金徳龍《キムドンニョン》議員など、当時張氏の自宅を頻繁に訪れたひとは各界にのぼる」（94年5月24日）と書かれているところである。

張先生は夫妻で日本に来られたときもあるが、その時は二人で一色さんの家にも泊まられている。張先生の家を辞し、張華淳さんと私たち四人は郊外にある張先生の墓地にもお参りに行った。道路から一〇分ほど登って、おそらく風水地理にかなっているであろう見晴らしのよいところにある墓地に着いた。用意してきた線香、酒を供えてお参りをした。わざわざ日本からお墓参りに訪ねてきたことを張先生の奥様や弟さんが喜んでくださった。

その夜は原州の信用協同組合、ハンサルリムの方々と会食し楽しいひとときを過ごした。一色さんや私が以前にお目にかかった方もおられた。

翌朝、金起燮さんの運転でソウルに戻った。午後には尹静慕さんが統一展望台に案内してくださった。臨津江をはさんで北朝鮮を見、望遠鏡ではそこをゆっくりと歩く四名の人も見ることができた。また私は、臨津江と漢江が河口ではひとつとなって黄海に流れ込んでいることを初めて知った。

夜にはハンサルリムの朴才一さんらが、会員の経営する江南の芸術の殿堂の近くの焼肉屋「有機農産物韓式店・金山」で歓迎の宴を開いてくださった。懐かしい旧知の人々ばかりだった。散会後、明洞のホテルに戻ってまた一色さんと夜の街でビールを飲んだ。

今年中には張先生のお墓参りをしたいと言っていた一色さんも肩の荷を下ろし、私もそのお手伝いができたことに満足した今回の旅であった。

（むくげ通信１４７号、１９９４年11月27日）

民主・統一の花　とうとう見られずに

——張壹淳先生の霊前に涙で告げる——

李泳禧（漢陽大学教授）

謹んで亡き一粟子張壹淳先生の霊前に捧げます。

先生は、この国の民主化のために先生の教えに従い軍部独裁と戦ってきたすべての同志・後学・後輩たちの熱い祈りの甲斐もなく、この世を去られました。野蛮な軍部統治が終息し、もうすぐ民主主義の幕が上がろうとしているこの時に、先生はそんなに熱望なさってきた民主主義の花が咲くのを待たずに行かれました。悲しいです。悔しいです。

先生が初めて病床に伏されてから三年間、私たちは神の加護と私たちの熱い祈りで必ず病魔に勝たれ、以前と同じく温かく微笑む姿で私たちの前に戻ってくださることを堅く信じておりました。真の民主主義の実現と統一への道に入ろうとしている今日、先生の訃報に接し、目の前が暗くなり涙を拭くことも忘れるくらいに呆然とするばかりです。どうしてこんなことが有り得るのですか。

振り返ってみると、先生は大韓民国という国家と社会が快く受け入れるにはあまりにも高潔でした。病んだこの時代が先生を喜んで迎えるには、先生はあまりにも正しくまっすぐな生き方を貫かれました。

邪悪で汚れた者らは、喉に刺さった骨のように先生を避け迫害しました。しかし、そうすればするほど、先生のいらっしゃる江原道原州市鳳山洞九二九は、人権と良心と自由と民主主義の大義に身を捧げようとする大勢の人々が訪れる小さな聖地でした。本当にそうでした。

世の中がすべて寂寞で息する音も出せないほど恐ろしかった去る三〇年間、先生は原州の自宅を訪れる人々に、彼らの願うすべてを与えました。戦う前線でとまどう者には勇気を与え、戦いの方法を模索する者には知恵を与えました。懐疑を告白する者には信仰と信念を与え、方向を失う者には思想と哲学を与えました。先生は、いつも功と名誉を後輩に示す民衆的先覚者であり指導者でありました。原州の草が生い茂っている自宅は、軍部独裁下で熾烈なる戦いに疲れ果てた同志たちが訪れるオアシスであり、先生はいつも傷ついた身体を慰める慰労の手でした。

張壹淳先生。

先生のその教えと愛がなかったならば、この国の民主化・反独裁闘争は、一九七〇年代に先生が悲壮にもその火を高く挙げられた状態からあまり前進することがなかったのです。一九七一年一〇月、カトリック原州教区が亡き張壹淳主教を先頭に、朴正熙政権の不正・腐敗に抗《あらが》う一大運動を展開した時、遠く離れた私たちにそれは無謀なものに見えました。世の中は、その感動的な決起の陰に張壹淳先生がいらっしゃることは全然知りませんでした。

原州教区で先生が指導なさった、生命（自由）を抑圧するあらゆる抑圧に対する抵抗は、直ちに一九七三年の民青学連事件としてこの国のあらゆる若い心を脈動させ、全国のカトリック教会と宗教界の一大抵抗運動にまで拡大させました。学生・青年・宗教者の反独裁運動は、眠っていた労働者・農民の目を覚ませ、やがては全国民的反独裁闘争のための燎原の火の如く広がりました。

あらゆる段階のあらゆる戦いでもその前列に立ったのは例外なく先生の分身でした。それは今でも変わりません。今後、真の民主主義が実現される時まで、そして統一ができる日まで、先生の愛する分身たちがその居場所を離れることはありません。先生、ご安心ください。

張壹淳先生、お目にかかりたい張壹淳先生。

先生は、一つの時代を変革なさったその大きな業績にもかかわらず、一生を「一粒の小さな粟（一粟子）」を自任しながら生きて来られました。原州市鳳山洞の陋屋でただ墨と硯と筆と画仙紙を友に、一井の士としてその生を閉じられました。本当に高潔な一生でした。

張壹淳先生、先生が六年前に創刊を喜ばれ、そのための煩わしい仕事を快く手助けくださった「ハンギョレ新聞」も、先生の深く高い志を永遠に忘れることはできませんでしょう。

私たち後学が、先生と同じく愛し尊敬する池学淳主教と、天国で再会の喜びをわかち合ってください。一生先生の世話をし、長い看護に疲れ、また別れの悲しみに涙を隠せない夫人・李仁淑女史と三人の息子さんたちとその家族を天国で見守ってください。

先生を尊敬し愛し従ってきた後学のものが謹んで涙で告げます。

一粟子張壹淳先生のご霊魂よ、どうぞ永遠で安らかにお眠りください。

一九九四年五月二二日

07 韓国お祭りツアー第1弾　江陵端午祭
――「見るもの聞くもの、これぞ、お祭り」(96・6・18～23)

学生センターで朝鮮史セミナーが始まったのが1973年、その延長線上に朝鮮語講座が始まったのが75年。この間、関連するプログラムをいろいろ開いたが、今年は韓国お祭ツアーを企画し、私はツアコンとして参加した。

5日間ぶっとおし?

「端午祭」は、韓国の北東部・江原道江陵市に残る大きなお祭だ。昔は各地で端午祭が行なわれていたが近年、江陵の端午祭に収斂されたという。「5日間朝から晩まで祭が開かれる」と聞いていてもイメージが湧かない。まずは行ってみようと募集を開始。15名が参加した。女性12名、男性3名。小学生2名、中学生1名を含む。

6月18日、一行は空路ソウルへ。空港で横浜より参加のメンバーと無事合流し、すぐ貸切りバスで江陵へ。約6時間の旅。江陵市郊外のホテルに泊まるが、小さな町なので祭の中心地からなんとか歩ける距離だ。初日は、さっそく焼肉を食べて花火を見ながらホテルへ。

炎天下の大熱演

翌朝、快晴。ホテルで旧知の江陵大学の朴慶洙先生に祭の話を伺ったのち祭会場へ行った。川の土手に2列ずつ、更に上の堤にも2列ずつ屋台が200メートルにわたってならんでいる。サーカス、トランポリン、賭博的なバスケット、釘打ち、太鼓を叩きながら売る女装飴売り、ありとあらゆる飲み屋など千軒ほどあるだろうか。5日間に100万人が集まると聞いてオーバーなんじゃないの、と思っていたが、そのとおりかもしれないと思った。

■江陵官奴仮面劇のフィナーレ

屋台の奥にはメイン会場のクッ堂（ムーダンの場所）がありハルモニたちがぎっしりと座っている。その手前には運動場が2つあり、シルム（相撲）、ブランコ、サムルノリ（チャンゴなど4つの楽器による演奏）、仮面劇、矢投げ等をしている。参加できるプログラムもある。メンバーはブランコとサムルノリに参加して賞品をもらった。小学校のサムルノリチームの演奏には、その技術、表情、雰囲気が素晴らしく、私は涙を流すほど感動した。

いざ、雪岳山へ

3日目、午前中再び祭会場に行き、プンムル（農楽）の競演大会を観る。5つのグループにそれぞれ特徴があっておもしろい。最後が江陵の無形文化財農楽隊の出番だったが、時間切れ。午後に後ろ髪を引かれる思いで次の目的地、雪岳山へ移動した。

4日目早朝、元気なグループは飛滝瀑布にハイキング、朝食後にはみなでロープウェイ山頂駅へ。雪岳山ではずっと雨だったのに、突然視界が開けて一同大感激。

そして翌日、雨で飛行機欠航のため再びバスでソウルに、そして日本にもどり、5泊6日のツアーは無事終了した。7月末、さっそく開いた同窓会では、×××もうまかった、来年は安東文化祭だ！と大いに盛り上がったのだった。

（神戸学生青年センターニュース第31号、1996年9月10日）

■クネ（ブランコ）

08　南京大虐殺の現場を訪ねる旅

1997年8月、「神戸・南京をむすぶ会」の訪中団の一員として初めて南京を訪ねた。中国には3回目である。最初は、国会議員について北京からウルムチ、トルファンまで行った。さすが社会主義国というか、団長と平団員との車に極端な差があったり、パトカーの先導で走ったりという旅行で、まさに「大名旅行」であった。

2度目は、『むくげ通信』でも書かせてもらった延辺行きである（本書03を参照）。延辺に住む朝鮮人独立運動家・柳東浩さんにお会いするためのひとり旅で、硬座の夜行列車に乗ったりと苦労はしたが出会いの多い楽しい旅だった。この2回の中国への旅は、その待遇において雲泥の差があった。

中国ツアコンことはじめ

今回の旅は、「神戸・南京をむすぶ会」の事務局長としての参加で、ツアコンだった。中国語の全くできないツアコンは、役に立たないこともあったが、なんとか無事に帰ってきた。むすぶ会は、96年4～5月に神戸王子ギャラリーで開催した「丸木位里・俊とニューヨークの画家たちが描いた南京

1937」絵画展の実行委員会が、離れがたくてできた会だ。南京大虐殺の60年目にあたる今年97年に南京大虐殺の現場を訪ねることを会の大きな目的にしていた。

中学生、高校生、壮年……

団員は12歳から72歳（顧問の林同春さん）までの28名。女性が6割、在日華僑が2割とバラエティーに富んだグループだ。最年少の太田悠さんの感想文を紹介しておこうと思う。

■神戸・南京をむすぶ会訪中団（1997年8月）

「私は友達とこのツアーに参加したわけですが、ツアーは一言で言うと、ほんとに〝よかった〟です。南京大虐殺のことを多く学んでおきながら〝よかった〟という言葉で表現するのは、ちょっとダメな書きかたかもしれないけれど、たくさんのことを学んだことにしても、親なしでちゃんとできたってことにしても、本当にこのツアーは私にプラスになることばかりでした。

今でも鮮明に覚えているのはやはり、南京大虐殺記念館で聞いた、幸存者（幸いに生き残ったという意味で使う）の方の話でした。思い出したくもなかったのに、それでも涙ながらに虐殺のことを語ってくださるのを見ていると、言葉がでなくなってしまいました。

私は、日本に帰って、夏休みの課題だった「公民新聞」に、南京大虐殺のことをまとめました。書きたいことが多すぎて、何から書けばいいのか分らなかったので、かえって、さっぱりとした新聞になってしまいましたが、心の中に今回のツアーのことをやきつけているのでいいかなと思いました。私は一生このツアーのことは忘れないだろうし、南京大虐殺についてもこれからもずっと学び続けていきたいと思いました。」（太田悠、中学2年、女）

南京大虐殺国際シンポジウム

日程は、8月12日に関空を出発して上海へ、そしてその日のうちにバスで南京へ。翌13日は、「南京大虐殺国際シンポジウム」に参加した。基調講演の「〝南京大屠殺史〟研究の歴史的経過と今後の任務」（陳安吉）は、これまでの南京大虐殺研究を概括し、現在の問題点を整理したすばらしいものだった。翻訳文は近々発行する報告集にも集録する予定である。南京戦に参加した元日本軍兵士・東史郎さんの発表は、先の太田さんの感想文にもあるが、現地で聞くとさらに迫力のあるものだった。

南京には3泊して虐殺の現場を訪ねるフィールドワーク、南京大虐殺記念館見学、幸存者の証言集会などをした。１９３７年当時、南京に入場した日本軍は、数々の虐殺を行いながら北進し長江沿岸で最も大規模な虐殺事件を起こしている。フィールドワークはその現場を訪ねるものであった。

早乙女愛『南京1937』

最初の日の夜、市内の劇場で観た映画のことに触れておこうと思う。一昨年中国で封切られた中国映画『南京1937』で早乙女愛ら日本人も出演している。日本人女性（早乙女）と中国人男性のロマンスを軸として、南京大虐殺を大きなスケールで描いている作品だ。もちろん中国語の映画だが、英語の字幕がついているのに驚いた。日本の侵略をテーマにした映画であり日本人も出演しているのに日本語の字幕がないことにショックを受けた。日本軍大将・松井岩根役として出演した久保恵三郎さんらの努力により、今年中に日本でも上映されることになったので、是非観ていただきたいと思う。

最近、南京大虐殺当時、国際安全区代表のドイツ人・ラーべが書いた「日記」が発見されて話題を呼んでいるが、その安全区も映画の舞台となっている。史実に徹したという呉小牛監督の執念が伝わってくるが、安全区さえも日本軍が蹂躙した戦争の実体を、映像はリアルに示してくれる。

三井・淮南炭坑の万人坑

今回の旅の南京ともう一つの目的は、淮南だった。パール・バックの『大地』の舞台で、戦中に三井が経営した炭坑に「万人坑」が残っているということだった。淮南には南京から5時間半バスに揺られて到着したが、戦後、淮南に日本人がくるのは初めてだと聞いた。10年前にその万人坑を中心とした記念館の建設が始まったが、資金不足で頓挫している。

発掘中である万人坑を見せていただいた。その炭坑では、約7万人の中国人が苛酷な労働に従事させられ1万3千人が死亡したといわれる。当初は、事故、病気などで死亡した中国人労働者をそのまま放置していたが、その数の増大により、幅3メートル、深さ5メートル、長さ20メートルの溝を3本掘ってそこに死体を集めていったという。3本の溝の一部を発掘して記念館の一部にするための作業の途中だったのである。累々と積み重なった人の骨は、侵略戦争の残虐さを事実そのものとして私たちに示していた。

「書をすてて街に出よう」!?

淮南では2泊し、翌日バスで合肥まで出てから飛行機で上海にもどった。来るときには通過だけだった上海では、職人芸的なモンゴル料理を食べたり、旧外国人居留地を散策したりした。今回の旅では、1週間というのはメンバーが年齢を越えて仲間となるのに充分な時間であったように思う。

現地に学ぶことの大切さはよく強調される。日本国内で強制連行の現場を訪ねた時にも感じるが、歴史的事実をリアルに再現してくれる。日本軍が激戦の後に入場して日の丸を掲げた南京中華門にも登ってみてそのことを感じた。今回、若い世代とともに旅をし、彼女たちの瑞々しい感性に触れることによってますますその感を深くした。「書を持って現場へ出よう」ということだろうか。

(むくげ通信164号、1997年9月28日)

09 阪神教育闘争犠牲者の遺族を韓国に訪ねる（1997年）

10月末、韓国釜山で開かれた在日韓国人外国人登録法問題国際シンポジウムに参加した。シンポジウム終了後、大邱に朴再禧さんを訪ねた。朴さんは、1948年の「4・24阪神教育闘争」で逮捕投獄され、獄死した朴柱範さんの娘である。朴柱範さんの死は正確にいうと獄死ではないが、病気で仮出獄して4時間後に死亡したので、獄死といっても言い過ぎではない（『解放新聞』1949年11月28日付参照）。

解放新聞
四·二四教育事件의愛國者
朴柱範氏獄死
假出獄二時後에

■解放新聞（1949年11月28日）

来年、1998年は阪神教育闘争50周年にあたるが、その機会に朴柱範さんの遺族を招待したいという話が兵庫朝鮮関係研究会などで出ていた。そのためにとりあえず会ってみる必要があるということで、私が訪ねたのである。

阪神教育闘争では、大阪での闘いで金太一少年が警官隊によって射殺されたことがよく知られている。神戸では、デモによる死亡者はなかったが、当時の朝連の兵庫県委員長であった朴柱範さんは、軍事法廷で有罪判決を受けた後、刑務所に入れられたが、翌1949年11月25日午後8時、病状が悪化して仮出獄となったがその4時間後、午前0時ごろ死亡したのである。

朴柱範さん家族のその後は分からなかったが、1994年4月の長田マダンの時に手掛かりをつかむことができた。兵庫朝鮮関係研究会が長田マダンで阪神教育闘争の展示をしており、当然、朴柱範さんの漢詩とともに写真を展示していた。それをご覧になった神戸市中央区にお住まいの朴龍圭さんが、同じ慶尚北道義城郡の出身で遺族の消息を知っておられたのだった。その後、韓国の遺族に連絡をとっていただいたが、阪神大震災のためにそれ以上話を進めることができなかった。しかし、来年が阪神教育闘争の50周年になることからこの機会に是非とも実現させたいと考えたのである。

■朴柱範さんの墓（大邱市郊外）

遺族の方には義城郡から大邱まで来ていただき、私が釜山から出かけてお会いした。朴再禧さんとご主人の李元栄さん、それに朴柱範さんの弟の子息である朴南煕さんの3名にお目にかかった。朴再禧さんは阪神教育闘争のときに神戸におられ、朴柱範さんが亡くなられてから母とともに遺骨をもって故郷に帰られたのである。朴再禧さんは当時27歳で刑務所内の病院に面会にも行かれ、また、自宅で父・朴柱範さんの死に立ち会っておられる。

１８８５年生まれの朴柱範さんは１９２７年に渡日し、最初は芦屋に、その後は武庫郡本庄村（現神戸市東灘区）に住んだ。30年代はじめには関西学院神学部出身の金英哲牧師とともに信徒として協会（メソジスト）の仕事もされ、また、阪神消費組合の設立にも参与され、後に理事に就任している。朝鮮人の間での信望があつく解放前に村会議員を２期務めている。

解放後、朝鮮人連盟阪神支部長となり２年後に同兵庫県本部の委員長となっている。そして委員長として１９４８年の阪神教育闘争を指導したのである。

大邱で朴再禧さんらからお話を伺った後、大邱市郊外にある朴柱範さんのお墓に案内していただいた。市内から南東に車で15分程の小高い丘の上にあるカトリック教会の墓地の一番上に夫人金憤淳さんとともに葬られていた。カトリック教会の墓地であるが韓国式土まんじゅうの墓地で、墓標にはお二人の名前とともに十字架が刻まれていた。

阪神教育闘争のリーダーとしての朴柱範さんの遺族を訪ねてきたのは、私が初めてだということだった。そのために朴再禧さんらが私を大歓迎してくださり、何度も何度も「韓国まで会いに来てくれて感謝しているのは私たちの方です」と語っておられたのが印象に残っている。

阪神教育闘争の50周年を迎える来年４月には、是非とも朴再禧さんらの招待を実現したい。そして改めて、阪神教育闘争の意味を問いなおすプログラムをもちたいを考えている。

（むくげ通信１６５号、１９９７年11月23日）

10　韓国お祭りツアー第3弾　珍島霊登祭（1998年）
——海は本当に割れました

「神秘の海の道」「韓国版モーゼの奇跡」珍島《チンド》海割れに行ってきた。センター主催の「韓国祭ツアー」の第3弾だ。祭りの名前は「霊登祭」。今年は4月26〜28日の3日間だ。

一行は、20歳から67歳までの女8名、男6名の計14名。4月26日、関空からソウル金浦空港経由で全羅南道光州へ。そこからチャーターバスで木浦に向かう。泊まりは、木浦駅より10分ほどの草原観光ホテル。儒達山のふもとで元日本領事館（現文化院）のすぐ隣だ。

翌4月27日、快晴、いよいよ珍島である。バスで珍島邑まで約1時間半、海割れの回洞までさらに30分だ。ソウルから同行のガイドさんは昨年も参加したというベテランで、「バスがすれ違えるような道ができる」と言うがみんな半信半疑だ。珍島邑で昼食をとって交通渋滞に巻きこまれては大変だからと2時過ぎには回洞に着く。海割れは夕方5時半からだとのこと。

回洞についてびっくりしたのは、バスの数。私たちのバスが着いた駐車場だけでも300〜400台はある。屋台の数も200〜300台、気分はいやがうえにも盛り上がってくる。まずは「足ごしらえ」だ。1時間の間に道ができて無くなるというのだから、簡易長靴が必携だ。珍島邑では

■珍島の海割れ

6000ウォン（6000円）で売っていたがここでは5000ウォン、さらに探すとリサイクル品が3000ウォンで売っていたのでそれを買う。

向かいに見える茅島《モド》まで幅20～40メートル、長さ2・8キロの道が忽然と現れるというのである。4時ごろ、水はどんどん引いているが道はまだ見えない。3日間で30万人が集まると聞いていたが、なにしろひとひとひとである。正規ルートでは「道」の入口にたどりつけそうにないので、私たちは歩きにくいが岩がごつごつの海岸を進むことにする。貝、タコなどを獲るためのスコップ、バケツ、袋を持っている人もいる。

5時ごろ、せっかちな人が海に入り始める。長靴組の私たちももちろんジャブジャブと入って行く。深いところでは30～40センチの水があるから道らしいところを歩くのである。

潮はどんどん引いてだんだん道らしくなってくる。「道」では貝をとっている人もいるし、サンナッチ（生きた水タコのぶつ切りの刺身）にしたら美味しそうなタコを捕っている人もいる。

5時半、2・8キロの真ん中あたりまで来たが、まだ道は完全ではない。5時50分、茅島まであと500メートルというところまで来た。そして、そこから引き返そうとふりかえると、なんと、本当の「道」になっている。

バスが優にすれちがうことができる幅だ。石も少なく簡易舗装したような道だ。

珍島側にだいぶ戻って来ると長靴ではなくハイヒールの人もみかけるようになる。潮が引いてから渡りだせば長靴もいらないようだ。背広・革靴姿もある。

6時20分ごろ、どんどんと珍島に人が戻っている。5~6分もすると道がなくなるところがでてくる。先の背広の紳士は、靴と靴下を脱いでもどっていった。長靴姿の私は、まだまだ余裕である。正装した彼女を背負って帰る男性をながめたり、最後の最後まで貝をとっているハルモニに感心したり、空を飛ぶ取材ヘリコプターに手を振ったりして、6時40分ごろ岸に戻った。

防波堤から「道」を見ると、もう3分の1ほどが消えている。この日完全な道が現れたのは、5時半から6時半までの約1時間。まさに1時間のドラマだった。

海割れの余韻を残して珍島邑のホテルで宿泊。サンナッチではお腹をこわす者もでたが、刺激的な旅だった。さて来年は、祭ツアー第4弾か、はたまた、東学農民戦争ツアーか、智異山パルチザンツアーかと思いをめぐらせている。

（神戸学生青年センターニュース第37号、1998年9月16日）

11　韓国「民草《ミンチョ》」ツアー第1弾　東学の道（1999年）

96年より始めた韓国「祭」ツアーは、江陵端午祭、百済文化祭（公州）、珍島霊登祭にでかけた。いずれも韓国らしいダイナミックな面白い祭りだったが、私の好みで言わせていただくとナンバー1は、江陵端午祭ということになる。

今年は、3回の祭ツアーを一旦中断して歴史ツアーに転向した。「民草」とは、韓国の民主化運動の中で使われた言葉で雑誌の題になったこともある。抑圧されても強く生きる民衆のイメージだ。私たちの歴史ツアーにふさわしい名前だと考えて命名したのである。募集にあたって日本語の辞書を調べてみたら、あった。強く生きるという意味はなかったが、民・百姓の意味で掲載されていた。

■東学農民革命慰霊塔の前で

参加者は、20代から70代までの12名、女性6名、男性6名、バラエティーに富んでいる。ガイドはセンターと交流の深い韓国イエス教長老教会消費生活協同組合専務理事の金在一牧師である。飛田はツアコンとなっているものの現地は初めてである。「東学」は19世紀の朝鮮でキリスト教＝西学に対抗する意味がこめられた朝鮮独自の思想で、歴史の授業で「日清戦争（1894〜95）の原因となった〝東学党の乱〟」といわれていたものである。現在の研究では、〝東学党〟なるものはそもそも存在せず、思想としての東学が李氏朝鮮の政権に抵抗する東学農民戦争のベースになったとされている。

梅雨が明けた7月8日、関空からソウルへ朝の便で飛ぶ。金浦空港に金牧師と趙侊熙牧師が出迎えに来てくれていた。今回のツアーは金牧師運転による10人乗りのワゴンでの旅を考えていたが参加者が増えたため趙牧師にもう1台の車で5日間同行していただくことになった。両牧師は優秀な運転手であったのはもちろん、東学の歴史に詳しい優秀な歴史ガイドであった。

同日、すぐに全羅道のイソに向かう。イソは全州・裡里の間にある町でキリスト教農村開発院のあるところだ。そこが初日の宿舎で、夜はさっそく当地の農村で活動する牧師さんたちとの飲めや歌えの大宴会となった。初日から韓国焼酎で体調をこわすメンバーもでたくらいである。

9日、いよいよ「東学の道」である。まず白山城へ行く。白山はそう高い山ではないが韓国で唯一地平線まで田んぼが続く地域で、攻めて来る敵の動きも掌握できる一等地である。そこに農民軍が最初に集結したのである。実際に山に登って周囲を見渡したメンバーは以上の説明に納得、である。下山後、最初の事件が起きた萬石堡、指導者全鏞準の故居、今は小学校となっている農民軍が押しかけた郡庁跡、東学農民革命記念館などを訪ねて全州のホテルへ。

翌10日は、農民軍が南から北へ攻め上った道に沿って公州に向かった。公州を前に農民軍が近代的装備を備えた日本軍によって壊滅的な打撃を受けた牛金峙《ウグムチ》の東学農民革命慰霊塔は、立派なものだが設立者・全斗煥の名前は削りとられ、横に木製の記念碑が建てられていた。農民軍の困難な闘いの道を2日間自動車で廻って、こんなもんではないなと思いながらも感慨深いものがあった。鶏龍山の名勝地・甲寺を訪ねて宿舎の儒城温泉に到着。

11日は儒城温泉からソウルにはいって、西大門刑務所歴史館、南大門市場等を訪ねた。ホテルは江南のノボテルアンバサダー。最後の夜は、江南の本格的?カラオケ店で、遅くまで歌をうたったが、それでも足らずにタクシーでソウルの歓楽街に出かけての朝帰りグループもあった。最終日12日は、午後6時半の飛行機なので時間はたっぷりあった。午前中、金牧師の生協を訪問して有機農産物等のお土産を買い、江南のターミナルでチェックインして荷物を預けたのちに、思い思いに時間までソウルですごした。

歴史ツアーにおいては事前の勉強も大切だが現地を踏むことの大切さをあらためて感じた。最初ののろしをあげた山から、遠くに見える萬石堡へ、そして農民軍コースに沿って北上、と百年前の歴史が現実感をともなったものになってくる。何回か読んだ東学農民戦争の本も「ああなるほど」と読めるようになった。事前学習50%、事後学習50%というのがいいようだ。

(神戸学生青年センターニュース第40号、1999年9月13日)

12 韓国「民草」ツアー第2弾 済州島「4・3＋ハルラ山」（2000・5・4〜5・8）

■朝天邑北青の虐殺現場、右から７人目が李在厚さん

私の２０００年のツアコンは済州島だ。学生センターでは韓国「祭」ツアーを96年から始めて、江陵端午祭（96年）、公州百済文化祭（97年）、珍島霊登祭（98年）と３回行なった。この中で私のいち押しは端午祭。祭りそのものといえるムーダンも正当に位置付けられているし、祭りとしての賑わいも抜群である。その次は、海割れの珍島。一見の価値は充分にある。百済文化祭はいまいちであった。

「祭」ツアーにひとくぎりをつけて昨年より「民草」ツアーを始めた。「民草」は80年代？ に韓国で雑誌の名前にもなったもので、踏みにじられても強く生きる民衆のことだ。この民草をツアーの名前としたが、この言葉は日本語の辞書にも民衆の意味だと載っていた。昨年は「東学の道」、そして今年は１９４８年の「４・３」済州島人民蜂起の跡を訪ね、韓国の最高峰・ハルラ山にも登ろうというツアーだ。
一行12名は20代から70代まで、女性7名に男性5名、カップルが2組。今年のゴールデンウィークは「2000年問題」の余波と韓国でも連休となったため、飛行機の確保に難渋した。結局同じ飛行機はとれずに1班6名は大韓航空、2班6名はアシアナ航空。いずれも往路はソウル経由で、2班は復路もソウル経由となってしまった。

1日目（5／4） 夜、済州市に全員集合。まずは豚の焼肉だ。サムギョプサル（豚のあばら3枚肉）は私の大好物だが、純粋の済州種の豚は「5枚肉」だそうだ。大満足の夕食で、ツアー常連も初参加組もすぐに仲良くなった。ソウルからかけつけてくれた案内人の金在一牧師から、人民蜂起の概要をうかがう。「済州島は観光地も含めてすべてが4・3の遺跡ともいえるので、歴史の勉強と観光をいっしょにすることになる」とのこと。2次会はさっそくカラオケで大騒ぎ。最近の韓国でのカラオケには日本の歌がたくさんある。金大中大統領の開放政策の影響なのだろうか。今回は4日間とも済州市内の同じホテルなので気持ちが楽である。

2日目（5／5） は、朝天邑の4・3の跡を訪ねた。まずは北青。300世帯、約1000名の村で360名の犠牲者がでたところで「無男村」ともよばれたという。そこで済州島4・3事件民間人犠牲者遺族会朝天支部会長・李在厚さん（61）からお話をうかがった。小学校横のちょっとした広場にお墓のようなものがあったが、そこでゲリラの「関係者」が連座制的に集められて射殺されたという。

次に山の中にあるゲリラが立てこもった洞窟をたずねることにした。面事務所でたずねると案内してくださるという。その先導車はなんと消防車だった。私たちは大変恐縮したがその車についていった。済州島は火山島で水はけがよすぎて稲作にも不向きだ（耕地の5％だけが田んぼ）。山に入っていくとそのあたりはせいぜい放牧地として利用されているぐらいだった。面事務所の方と途中で会った軍人も手伝ってくれてその洞窟を探した。入口は一人がやっと入れるくらいで、そこで多くの人々が虐殺されたという。旧左邑のウォルラン峰（382メートル）のすぐ北だ。結局探しだせなかったが、山に立てこもって戦った雰囲気を感じさせるに充分だった。

午後は観光コースの日出峰だ。途中、ものすごいまさに絵葉書そのままの菜の花畑があった。背景にハルラ山も見えて抜群の景観だ。すると入場料が1000ウォン（100円）だという。なんでも油用の菜の花はもうシーズンが終わっておりこの菜の花は観光用に作っているのだという。なっとく?して畑に入り、思い思いに記念撮影をした。済州島の新婚旅行の定番のようである。また途中の牧場で乗馬姿を見るとメンバーから「乗りたい！」の声。それじゃ、と若者中心に馬に乗る。日本によくある観光牧場より本格的な乗馬だ。紐をひいてもらってかなり歩いたあと、1周200メートルくらいの馬場に入ったら、馬が調教士の掛け声を聞いて走りだすのである。すぐに歩きだしてしまうが、リズムよく乗っているとかなりの距離を走るようだ。また途中で鞭でたたくとまた走りだすようだ。ようだ、というのはツアコンの私はカメラマンに徹して乗れなかったのである。

日出峰は、坂がきついが本当にすばらしいところだ。イルチュルボンエ……という朝鮮語講座で習った歌を思いだす。

3日目(5/6)は、西地区に出かけた。韓国で標高が一番高い道路の1100高地を過ぎてコリンサスム展望台にきた。天気がよくて西帰浦も山房山もよく見える。金牧師によるとこのあたりに4・3司令部があったという。本にそのように書いてあるが実際の場所は私には分からないと金牧師。おそらくもう何年かしたら看板もある「遺跡」となっていることだろうと思う。

■日本軍が作った飛行機の格納庫跡

南西部の大静邑では大静教会の方に案内をお願いして4・3の跡をたずねた。南西部はゲリラの有名なリーダーがおり、闘争が激しかった分だけ弾圧も激しかった地域だ。日帝時代に日本軍が作った弾薬庫でゲリラがダイナマイトで殺されたという。犠牲者のお墓は朴正熙がクーデター後に破壊したが、現在はその当時破壊された石がその説明版とともに残されている。またその地域に日本軍は飛行場をつくり、米軍の攻撃に備えた。特攻の木製飛行機の格納庫が今も10数個残っている。また、観光地の松岩山に行くと海岸に人間魚雷用のトンネルが15個残っていた。結局利用されなかったが、敗戦のときにはレールも敷かれていたという。

4日目(5/7)はハルラ山登山だ。私は10数年前に1950メートルの頂上まで登ったことがあるが、今回は工事中で1700メートル高地までしか登れない。東からのコースを登ると頂上に立てるが、我々には無理だった。我々は登山道が短くハイキングコースとしては手ごろな霊室コースを登った。自然の奇岩・五百羅漢も迫力があった。一面が染まるというチンダルレ(山つつじ)も麓ではよく咲いていたが、山ではまだ少し早かった。コースはよく整備されていて迷うことはない。

登り1時間50分と書いてあるコースを我々はその2倍くらいかけて登り、ハルラ山を堪能。韓国でハイキングといえばキュウリが定番のようだが、ぼりぼりかじりながら歩いている姿をよく見かけた。帰路、西帰浦の瀑布をまわり、かの中文リゾートもバスから見学し、沈む夕日を眺めながら済州市にもどった。

5日目(5/8) は済州市内の三姓穴などを見学。充実したあっという間の5日間を終え、1班2班それぞれに直航便とソウル経由便で関空にもどった。

(むくげ通信180号、2000年5月)

■ハルラ山 1700 M高地で

13　南京再訪　そして731&安重根のハルビンへ（2000年）

２０００年も中国を訪ねた。神戸・南京をむすぶ会の第４回訪中でである。神戸・南京をむすぶ会は、96年に開いたニューヨークの中国人画家と丸木位里・俊が描いた南京大虐殺をテーマにした絵画展の実行委員会が継続的に南京大虐殺に関わるために作られた市民グループである。

97年から毎年夏に訪中団を送り、以前『むくげ通信』でもその訪問記を掲載したことがある。南京の他にもう１カ所日本の侵略の歴史に関わりの深い地域を訪ねることにしている。97年は、三井が大きな鉱山を経営し今も万人坑の残る淮南、98年は撫順、99年は万愛花さんら性暴力被害者の住む黄土高原の太原（山西省）、そして今年は、念願のハルビンを訪ねた。

8月13日午前11時40分、中国東方航空５１６便で関空より上海へ。上海空港には毎年お世話になっている中国友誼促進会対外連絡部の徐明岳さん、通訳の戴国偉さんが出迎えてくれた。さっそくバスに乗り換えて一路南京へ。高速道路で約３時間半の道のりだが、南京大虐殺のあった１９３７年、日本軍が進撃した道のひとつである。本多勝一の『南京への道』には南京にいたるまでの日本軍の蛮行が詳細に記録されているが、そこに出てくる地名も道路標識に時々でてくる。

今回の旅は17名。高校生2名、大学生2名、それに若い先生2名が含まれていて、平均年齢はだいぶ下がっている。若い人に参加して現地で学んでほしいという趣旨から、参加費17万8000円から大学生2万円引き、高校生4万円引きとした。これまで4回の旅に休まず参加した常連は私を含めて6名だ。

南京には7時半に到着した。中山門から入るが、これは南京占領後、松井石根司令官らが「入城式」をしたとしてよく写真に登場する門である。昨年と同じ古南都ホテルにチェックインする。古南都は英語のグランドで、グランドホテルとなる。私たちの旅にしては上等すぎるようなホテルである。ここに3泊。

翌14日は、南京市内の虐殺現場のフィールドワークである。今回は、当時国際安全区内で日本軍の蛮行から中国人女性を守るために働いた米国人女性・ミニー・ヴォートリンをテーマにしたフィールドワークだ。そのヴォートリンが働いていた南京師範大学を訪ねた。当時は金陵女子大学と呼ばれていたが、金陵は南京の古名である。

安全区といえども南京大虐殺時には安全でなく、日本軍が進入してきて女性を挑発したりしたのである。ヴォートリンの見聞きした事実が『南京事件の日々―ミニー・ヴォートリンの日記』(1999、大月書店)に記されている。

大学に当時の建物がかなり残されているのに驚いた。日本でも上映された『南京1937』のロケもここで行なわれている。映画をご覧になった方は日本軍が駆け登る場面を記憶されているかと思うが、写真はその階段である。

午後は、ヴォートリンに関する研究報告と幸存者（中国では幸いに生き残ったという意味でこう言われている）の証言を聞いた。

8月15日は、南京大虐殺記念館（正式名は侵華日軍南京大屠殺遇難同胞紀念館）で追悼集会が開かれた。日本からは神戸・南京をむすぶ会の他に銘心会南京、婦人民主クラブ、岡まさはる記念館の4グループが参加した。追悼集会ののち記念館を見学し、その後これも恒例となっている東郊葬祭地を訪ねた。例年、雑草が生い茂っているのでそこを清掃するのだが今年はすでに訪ねたグループがあったのか、きれいに清掃されていた。

午後は、何カ所かの虐殺現場をたずねた。上新河遇難同胞記念碑は人民軍の施設の中にあったが通訳の戴さんが交渉してくれて中に入ることができた。

夜は、金陵職業大学で交流会。昨年、家庭訪問をした学生も来てくれている。むすぶ会の高校生、大学生は中国の大学生と英語で歴史、テレビゲーム、スポーツなどをテーマに話がはずんでいた。

■『南京 1937』に出た階段（南京師範大学）

16日、朝7時50分の飛行機でハルビンへ向かった。青島経由で約3時間、地図で距離を調べると東京―沖縄より遠い。今は博物館となっているロシア正教の教会、新潟とハルビン友好公園、太陽島記念碑などを訪ねた。

17日、いよいよ「731部隊」跡地を訪ねる。ハルビンより南へ約40キロの平房に向かう。部隊の敷地は6平方キロ。そのはずれに「侵華日軍第七三一部隊罪證陳列館」がある。新しい記念館で、展示は体系的である。接待部主任の劉春生さんが日本語で案内してくださった。充分時間をとって見学したあと、副館長の金成民さんから保存運動の現状等についてのお話を伺った。敷地内の工場、アパートの移転。補償問題もあり、財政的にも大きな課題をかかえているとのことだ。3、4年の間に整備をして中国国内で遺跡指定を行ない、その後に世界文化遺産の申請をする予定であるという。

■8.15 南京記念館での追悼集会

　そして記念館を出て敷地内のフィールドワークに移った。最初は、当時のままの姿で残っている731部隊本部建物だ。数年前まで小学校として使用されていたもので、記念館ができるまではこの建物の一部に小さな記念室が作られていた。残念ながら改修工事中で、中に入ることはできなかった。

　本部建物から動力炉跡を訪ねた。731の写真といえば必ず紹介されるところである。２本の煙突は、立派に残っている。１９４５年８月10日にすでに敗戦を知った部隊は施設の破壊を開始したが、あまりにも頑丈に作られたこの煙突は残ったのである。あと残っている建物は冷却棟（今回未訪問）だけとのことである。募金のためのプレートと当時の写真を収録したＣＤ−ＲＯＭを買ってきたがＣＤ−ＲＯＭは我がコンピュータでは開けなかった。

午後、ハルビンでのもうひとつの目的地・ハルビン駅に向かう。１９０９年10月、安重根が伊藤博文を射殺した駅である。事前に広島強制連行を調査する会の内海隆男さんから、駅構内にあった銅像跡の写真をもらっていた。

■ 731 部隊本部建物

その「銅像」をめぐるミステリー？が今回の旅のおみやげのひとつだ。内海さんから銅像の話を聞いて、私はなんの疑いもなく安重根のものだと考えた。「ある時期に撤去された」と聞いてその真相を調査せねばとハルビンに行ったのである。いつ誰が設置した銅像を、いつ誰が撤去したのか？　興味深々のテーマであった。

その銅像跡は、内海さんのメモと写真のお陰で発見することができた。その銅像跡にはかなり重い植木鉢が置いてあったが、それを横にどけて「このあたりから安重根がピストルを撃ったのか！」と感慨にふけった。駅は作り替えられて当時の面影は残していないというが、その現場らしい所に立っただけでも満足だった。

ところが後日、9月9~10日の強制連行調査ネットワークの集い2000in神戸で内海さんとその話をすると、その像はなんと「伊藤博文」だという。内海さんはずっとそのつもりで話をしていて、私はずっと安重根だと思って聞いていたのである。どうも、「銅像撤去事件」の真相は簡単なようだ。日本が1945年以前に作った伊藤博文銅像を、中国人民が（あるいは朝鮮人が）解放後に破壊したのである。当然の成り行きだ。のちのちハルビンを訪ねる人のためにガイドブックを作らんと写真を沢山撮ってきたが徒労に終わってしまった。

■731部隊動力炉煙突跡

ハルビンでもう1カ所訪ねたのが、烈士記念館。日本軍が占領したのちに満州警察署として使われていた建物がそのまま記念館となっている。改装中であったが楊靖宇、陳翰章、趙尚志そして女性幹部の趙一曼について大衆教育部副主任の那継賢さんに解説をしていただいた。趙一曼はこの建物で拷問を受け、後に処刑されたが、半地下の遺体を運び出すための出口もそのまま残っている建物だった。

夕方にスターリン公園で自由行動。泊まりは、天鵝安飯店（天鵝安は白鳥＝スワン）で2泊した。

18日、飛行機の時間までロシアの雰囲気の残る古い市街を訪ねた。歴史のある石畳は、すり減っていたがよく整備されて歩行者天国になっていた。思い思いに買い物をし、午後の飛行機で上海にもどった。上海で最後の夜をすごして翌19日朝9時35分の飛行機で関空にもどってきた。安重根勘違い事件もあったが、実りの多い旅行であった。去る22日の報告会では、さっそく来年は重慶に行きたい、無錫に行きたいと、また話がはずんだ。また、5回目の南京への旅にでかけることになりそうである。

(むくげ通信182号、2000年9月24日)

14　朝鮮民主主義人民共和国ツアー（2001年）

初めて朝鮮民主主義人民共和国（北朝鮮）を訪問した。30代から70歳まで総勢10人のツアーで、むくげの会より山根、信長、飛田、そして元会員の北原が参加した。みな北朝鮮は初めてだ。それぞれが通信2頁を担当してそれぞれの感性のままに報告することにする。トップバッターの私は、団長としての公式的？な報告をしておこうと思う。

2001年6月15〜22日の7泊8日で、最初と最後が中国瀋陽泊まりなので、北朝鮮では5泊6日であった。北朝鮮への旅行は、①招待を受けての友好訪朝団、②海外の朝鮮人の祖国訪問、③一般旅行があり、それぞれ朝鮮側の窓口が異なる。今回は一般旅行である。学生センターでは今年、東学、済州島につづく韓国歴史ツアー第3弾として「智異山パルチザン」のツアーを考えていたが、マイチケット山田氏とその打ち合わせをしているとき、今年は一般旅行として北朝鮮ツアーが可能であるとのことで智異山は来年送りとして北朝鮮行きの計画を立てたのである。

①6月15日（金） 11：10関西空港国際線出発ロビーに集合し、13：10中国北方航空CJ612便で瀋陽（旧奉天）へ。中国のガイドと空港でうまくドッキング。北陵公園等を見学して老辺餃子館

で夕食。夜は、みなで名物の足裏マッサージにでかけた。3000円。最初からなにをしているのだ…。

②6月16日（土） ホテルをでるときのミーティングでKさんが航空券を不要の物として捨てたことが判明。なんとかごみ箱から回収して出発。午前中に瀋陽故宮、「柳条湖事変」の九・一八歴史博物館を見学。3年前に神戸・南京をむすぶ会のツアーで来たときには仮設の博物館だったが立派なものが出来ていた。北朝鮮のビザは瀋陽の空港で受け取り、15：15（中国時間）瀋陽出発、高麗航空JS156便で平壌へ。17：00（北朝鮮時間、1時間のずれがある）平壌到着。そこでビザもパスポートもガイドに預けることになった。ホテルは46階建ての羊角島ホテル、香港資本のもので13階？まではその専有となっているとのことだ。でも客は少なく全部で100名もいないのではないかと思う。26階の部屋から平壌の街をながめた。車は少ない。明かりはネオンこそないが思っていたより点っている。

■凱旋門で現地ガイド(女性)と同行ガイド

③6月17日（日） 9：00出発して、まずは万寿台へ。もどって1日30万人が利用するという復興駅から栄光駅まで地下鉄に乗る。主体思想塔では140メートルの展望台に登る。凱旋門、万景台等平壌市内を見学した。夕食は大同江を遊覧する船の中で。

④6月18日（月） 8：30古都・開城にバスで出発。途中沙理院

から高速道路を離れて朝鮮戦争記念館のある信川へ10：10着。また、高速に乗り、開城に14：00。高速道路でのあまりの車の少なさに気が滅入ったが、信川への一般道でバスの私たちに手をふってくれる子どもらを見てほっとする。開城では、まず雰囲気のとてもいい高麗博物館へ。のち善竹橋、王建の墓等を見学。宿泊は開城民族旅館。以前ソウルにあった雲堂旅館を綺麗にしたような雰囲気のホテルだ。朝鮮の旅行社は設備のいい平壌のホテルに泊まってほしかったようで、出発1週間前に、「本当に開城民族旅館に2泊もするのですか」と連絡が入ったほどだ。

⑤6月19日（火） 8：30板門店に出発。8：45到着して人民軍将校？よりオリエンテーションを受けた。将校は予想に反して自分の言葉で語り「何でも質問してください」という。すぐ横に座っていた私は直接いろいろと朝鮮語で話をした。ガイドが監視しているということもなく、自由な雰囲気だった。昨年、ソウルから板門店に行ったときの緊張感をあおるような雰囲気とは対象的だった。今は北朝鮮側にある朝鮮戦争中の会議場および休戦協定調印場（板門店のそれは協定調印後につくられたもの）を見学したあと、またバスで移動し会議場はまだだと思っていたら、いきなり会議場にでた。南の展望台からは台湾の観光客？がこちらをのぞいていた。道路沿いに爆破すれば道を塞ぐようになるコンクリートの建造物があるのは韓国側も同じだ。開城・平壌間の高速道路の一部か2、3カ所そのまま飛行場に使えそうに作られているのも同じだ。映画『JSA』の北側監視小屋も遠くからながめた。

板門店で昼食をとったのち、開城にもどり、コンクリート障壁を見学にでかけた。途中の山道では泥まみれになって田植えの準備をしている農民の姿も見ることができた。軍の塹壕で使用する高性能の望遠鏡で障壁を見た。南側の基地のスローガンや兵士のバスケットのボールまで見えた。17：00朴淵瀑布にも立ち寄ったが、降水量不足で哀れな滝だった。6月13日に100日ぶりに雨が降ったとのことだ。この道中も子どもたちは愛想よく敬礼する子もいる。

同じく開城の民俗旅館に泊まり、夕食時にはマイチケット山田氏の皿回しが大受けで、ウエイトレス（「処女同務」）も果敢にチャレンジした。ガイド2名、カメラマンも合流し、「皿回しに成功しない者にはパスポートを返さない」という冗談まででて益々盛り上がった。ちなみに飛田はすぐ出来たが、最終日のバスの中でも頑張ったが出来ないメンバーもいた。

■コンクリート障壁を望遠鏡で見る

⑥6月20日（水） 7：40開城を出発して平壌へ。ガイドさんの小話。5歳の子どもが蝿を10匹とった。「5匹は雄で5匹は雌です」「なんで」「5匹は鏡の前、5匹はビールに寄ってきた」。車中で歌合戦もあり、阪神タイガース、アリラン、鎧《ネ》蟹《ナ》虜《ラ》（わが祖国）、花をうる乙女、口笛、カチューシャなどがとびだす。アリランは女性の名前である、というのがガイドさんの説。途中ドライブインでコーヒーを飲む。相変わらず車はほとんど通らない。高速道路上を歩く人、自転車、牛車

を見てももう驚かなくなっている。

10：00平壌に着く。牡丹江遊園地、平壌城を見学する。平壌城で400〜500人のブラスバントの練習風景を見て完成度の高さに感心するが、9月9日の建国記念日のための練習であるとのこと。またそのブラスバンドも同じ規模のグループがあといくつか合流するらしい。11：20大城山に出発。小型のバスに乗り換えて山頂付近まで登る。薬草を採りにきたという素敵な老人に会って話をする。

午後、朝鮮博物館へ行き古代から近世までの展示を見る。古代の楽器をメンバーの音楽の先生も演奏させてもらった。切手専門店で猫の切手などを買ったのち、サーカスへ。主要なメンバーは海外遠征中とのことだが、空中ブランコ、熊の曲芸、複雑な縄跳び芸等、なかなか楽しませてくれた。途中2回の停電というハプニングもあった。この日は北朝鮮最後の日、希望して普通江ホテルのカラオケに行った。入場料が15ドル、ビール等を飲んで10名で4万円だった。ガイドは無料とのこと。

⑦6月21日（木） 11：30平壌駅を出発して瀋陽まで12時間の鉄道の旅。ガイドさんとは平壌駅でお別れ。車窓から田園地帯を眺める。穀倉地帯で水田に出来るところは全て水田、それ以外は線路の脇から、山の斜面、川の土手など、空地という空地にトウモロコシが植えられている。段々畑にする余裕がないのか、斜面にそのまま植えている。日照りで育ちが良くないが、逆に大雨がくれば、一挙に流されるのではないかと思う。新義州で、1時間と少し税関検査等がある。ここでも皿回しをしたりして官吏と仲良くなる。新義州駅で買い出しからもどってきた人々の写真を撮っていたときに「きたないところばかり写さないで」と女性車掌におこられたが、仲良くなっていた男性車掌がまあまあと

なだめてくれた。フィルムをとり上げられることはなかった。山田さん大活躍の夕食代のための中国人民元獲得作戦も成功して、無事夕食をとり、23：10瀋陽に到着した。

⑧6月22日（金） 朝早めの朝食をとり、8：30瀋陽空港より中国北方航空ＣＪ６１１便で関西空港に全員元気にもどってきた。

（むくげ通信１８７号、２００１年7月22日）

15 「南京大虐殺への道」を訪ねて（2001年）

２００１年も南京を訪ねた。「神戸・南京をむすぶ会」第5回訪中団のメンバーとしてである。メンバーは30代から60代までの女性４名、男性５名。初参加は、インターネット関係で参加した30代の女性２名と40代の男性１名である。

8月13日（月）、関空から中国東方航空で上海へ。今年は、日本軍が南京に侵攻した２つのコースを往路と復路でたどる。上海からすぐバスで蘇州に向けて出発した。往路は上海派遣軍が侵攻したコースだ。１９３７年8月13日に上海で日本海軍陸戦隊と中国軍が交戦している（「第二次上海事変」）が、今年から上海市ではこの8月13日午前10時にサイレンを流す行事を始めたという。夕食を終えてホテルでテレビを見ていると、中国の番組で小泉首相の前倒し靖国神社参拝を放映していた。

翌8月14日（火）、早朝散歩をして新聞を買い求めると参拝のことが大きくとりあげられている。蘇州に日本軍が侵攻したのは37年11月19日。当初苦戦を強いられていた日本軍は上海の背後から攻撃するために11月5日、第10軍を杭州湾に上陸させたことから攻勢に転じたのである。この第10軍の杭州コースは復路でたどることになっている。

蘇州市内での侵攻の様子は本多勝一『南京への道』に生々しく描かれている。有名な寒山寺は、実際に行ってみるとどうということのないお寺だった。雲岩寺のほうがお寺らしかった。昼食後、再び高速道路を南京に向かう。これまでの旅では、上海からその日のうちに南京に向かったため暗くなってから日本軍が入場式をした中山門を通過したが、今年は明るいうちに中山門を通過した。占領後に日本軍が日の丸を掲げた城壁で、松井石根の馬上姿等でよく写真にでてくる門である。つづいて中華門もたずねた。何回見てもすごい迫力で、門というより城である。四重になっていて一番大きな門の上の広場（建物は日本軍が壊してしまった）はサッカーができるほどの広さだ。この日は、大人たちが中国の凧を揚げていた。

■中華門の屋上から市街を望む

今年の南京でのホテルは「励志社」の敷地にある鐘山賓館。ここは元国民党政府の建物で南京大虐殺を指導した谷寿夫らB・C級戦犯の裁判が開かれたところである。毎年ガイドをお願いする戴さんが私たちのために選んでくれたホテルである。

3日目、8月15日（水）は、朝から南京大虐殺記念館前での追悼集会に参加した。これまでの4回の猛暑の中での集会とうってかわってどしゃ降りとなった。中国側の挨拶の中では小泉首相の靖国神社参拝に抗議する南京市民の抗議の涙だという表現もあった。記念館参観のあと銘心会南京のメンバーと3万3千名の遺体が集められた東郊叢葬地を訪ね掃除と簡単な追悼行事を行なった。この日は、フィールドワークでいずれも虐殺現場である燕子磯（有名な揚子江をのぞむ観光地でもある）、草鞋峡、煤炭港、和記洋行、中山埠頭、そして当時ナチスの旗を掲げて南京市民を救ったドイツ人・ラーベ旧居を訪ねた。ラーベ邸は、昨年訪問した時はまだ南京大学の宿舎として利用されていたが、今回訪問した時は地下鉄工事の作業員の臨時宿舎として利用されていた。ガイドの戴さんに頼んでもらって中に入ることもできた。『ラーベの日記』にでてくる市民をかくまった防空壕は今は道路となっている部分のようだ。

4日目の8月16日（木）、励志社跡のホテルで朝食をすませてから、バスで杭州に向かう。杭州湾に上陸した第10軍が南京に侵攻した道は現在の104号線にほぼ沿っている。途中、すごい数の焼物の店が並んだ宜興では、おもしろいお土産を買ったりした。宜興を過ぎて大湖（琵琶湖の3倍！）を左（東）に見ながら杭州に向かったが、ほとんどの都市は第10軍が攻略・占領した都市だ。

杭州では最初に富陽市受降鎮を訪ねた。受降鎮は以前、長新郷とよばれていたが、45年9月4日、日本軍が中国軍との間で締結したこの地における降伏文書の署名が行なわれた所だ。その後「受降鎮」とよばれるようになったが、記念館には文書に署名した机もそのまま残されていた。杭州には1937年22～24日ごろ日本軍が攻め込んだが、当時10歳だった張來有さん（74歳、おそらく数え年）のお話をうかがった。村では200軒の家が焼き払われ1700軒のなかで371人が殺された。記念館内の写真を示して「あの木（現在はない）」に男性が縛りつけられて4～5人の日本兵による銃剣の的にされたが、その光景は張さんを含めて多くの人が目撃しているという。「詳しく話すと1日あっても足らない」ということだった。

杭州で夜、水餃子を食べるために街にでたら、公衆電話に小泉首相の靖国神社参拝に抗議するビラがはってあった。学生がはったのだろうか。餃子屋では、中国の若い人との交流になり、彼らが「北国の春」（中国で流行っているようだ）、私たちは「草原情歌」（一応中国語で）を歌った。

8月17日（金）、午前中は西湖観光にでかけた。韓国からの観光客が多く、交流もする。午後、杭州湾の日本軍上陸地点を目指してバスを走らせる。杭州湾といっても現在は上海市に編入されている金山衛というところだが、事前の調査では場所を特定できていない。聞きながらたどり着いたのは「金山衛城南門侵華日軍登陸處」でそこの碑文には「1937年8年13日淞滬事変（第二次上海事変）が勃発して11月5日（農暦10月初3日）日本軍が大挙南門外に上陸した。守っていた100余人が奮起反撃したが壮烈な犠牲となった。日本軍が金山衛城を侵略占領後、住民1、015人が殺され、3、059世帯が焼き払われ壊された」とあった。1985年9月3日に上海市金山県人民政府が建てたものだ。その近くには他にも「十月初三惨案紀事碑」などがある。本多勝一の『南京への道』で、上陸地点として紹介され

■張來有さん（74歳）

ている石碑は、このなかのひとつのようだ。私たちはさらに本当の上陸地点を探した。ガイド氏は、オートバイスタイルのタクシー（分かりますか？）に乗って私たちのバスを先導してくれた。そして海岸線の記念碑に行き着いた。そのコンクリートの石碑は劣化してまともに読めない状態であったが、上陸時の写真などをながめながら、ここが上陸地点であろうと納得した。海岸で海藻をとっていた老婦人に話を聞くと、確かにここから上陸してきたという話だった。

夜かなり遅くに上海に着いて、夕食後にバンド（外灘）を散策した。夜景の中にひときわ派手な日本企業の広告が、バンドの夜景を台無しにしていた。

6日目の8月18日（土）、飛行機のリコンファームのミスから私たちはビジネスクラスに乗って無事関空にもどってきた。5回目となった「神戸・南京をむすぶ会」の南京ツアーだが、今年も新しい発見のあった旅であった。往路・復路と日本軍侵攻の道をたどるツアーは参加者に「南京大虐殺」をよりリアルに理解させるものとなった。東京から参加の小学校教師湯本さん製作のビデオ（16分）は、南京市民にも果敢にインタビューを試みた秀作である。是非、ごらんいただきたいと思う。来年の8月には、南京・重慶を訪問する企画を考えている。みなさんも参加してみませんか。

（むくげ通信188号、2001年9月30日）

16　韓国お祭りツアー第4弾　安東国際仮面劇フェスティバル
――フェスティバル訪問の記（2002年）

■メイン公演場での仮面劇

　2002年9月27日～10月1日、念願の韓国慶尚北道安東市での仮面劇（タルチュム）フェスティバルにでかけた。神戸学生青年センターの韓国「祭」ツアー第4弾にあたるもので、①江陵端午祭（1996年）、②公州百済文化祭（97年）、③珍島霊登祭（98年）に続くものだ。10日間にわたって仮面劇を中心とした祭りが続くもので、まさに「仮面劇三昧」の旅である。

　これまで同様の企画が他の団体でもあったが、フェスティバルの日程・プログラムがギリギリになるまで決まらないなどの理由で実現しなかった企画である。今回、センターの企画の勝因は、見切り発車である。つまり、10日間の内のどの部分に参加すれば効果的に仮面劇を観ることができるかと、まじめに考えていては日程がなかなか決められない。まずは早い段階でフェスティバルの最初の部分に参加することにしたのである。

日程は4泊5日。釜山から入りソウルにぬけるコース。ただし釜山にもソウルにも泊まらない。4泊とも安東泊まりと徹底した。フェスティバルの期間中全国から見物客がくるのでホテルの確保が大変だった。学生センター御用達の大阪の旅行会社マイチケットが、安東にひとつしかないらしいホテル「安東パークホテル」を確保してくれた。割高であるがハイシーズンということで仕方がない。関空から釜山行きの飛行機に乗り込んだのは30代から80代までの8名。車椅子組が2名で、私は初めて、その付き添いということでキャビンアテンダントと同じ入口から特別入場させてもらった。釜山からは貸切バスで一路安東へ。わいわいと最初からにぎやかである。

安東に着いた頃にはもう暗くなりかけている。事前に安東フェスティバルのホームページから入手した情報によれば初日の27日に花火大会があるという。ホテルについてそのあたりを調べると花火大会は、あす別の所（河回マウル）で開かれることに変更されたとのこと。仕方がない。思い思いにその夜を過ごした。私は、予習にメイン会場に行ってみた。とにかく広い。甲子園球場2つ分という感じだ。洛東江の河原に運動場、体育館、仮面劇専用マダンなどがある。すでに飴売り実演、たくさんの屋台、小中学生の絵画展・仮面作品展、製作教室などが並んでいる。さっそく屋台でマッコリを飲んでホテルに帰った。パークホテル―メイン会場間は安東駅をはさんで徒歩20分ぐらいである。

翌日、さあ仮面劇だ。午前中は、三々五々広いメイン会場を散策した。早くもおみやげを買いはじめるメンバーがいたり、ブローチ仮面を作ったり、私は、1時間の仮面劇レッスンの見学をした。両班、おばあさん、若い娘さん、召使いなどそれぞれの歩き方の講習だ。

朝鮮の仮面劇は日本でも鳳山仮面劇などの公演があって知られるようになっている。学生センターと縁の深い沈雨晟先生の関係で私は東京の増上寺までお手伝い兼見物に行ったことがある。両班、僧侶等を痛烈に風刺するものだ。今回10日間にわたって上演されたのは、①水栄野遊、②康令羽仮面劇、③北青獅ノリ、④官奴仮面劇、⑤鳳山仮面劇、⑥固城五広大、⑦東莱野遊、⑧楊州別山台、⑨金海五広大、⑩晋州五広大、⑪河回仮面劇、⑫殷栗仮面劇、⑬松坡山台である。まさに仮面劇オンパレードだ。これがそれぞれ2、3回、安東市内の専用のステージや市内からバスで40分の河回マウルで行なわれた。私はあわせて5つも観ることができた。国際仮面劇フェスティバルなので、韓国以外にも日本、グアム、カナダ、ウズベキスタン、スリランカ、インドネシアなどからの出演もあった。もちろんサムルノリもある。

今回のツアーは、現地参加が4名。ソウルに交換留学中の在日韓国人女性2名、済州島から合流の林弘城さん、ソウルから合流の足立龍枝さんだ。全員で12名だが、途中参加あり、訪ねてきた友人のメンバー引き抜き?ありなど出入りの激しいツアーで、最後まで全員の集合写真を撮る機会がなかったほどだ。終始同じホ

■最大メンバーの記念写真、メイン会場で

テルに泊まり、どこに行こうが勝手というきままなツアーである。
2日目の夜、河回マウルでの花火大会が韓国の伝統的なものだというので、夕方、安東から河回に出かけた。旅行中の5日間、バスをチャーターしていたので、臨機応変、行きたいところにはすぐに出かけることができた。河回での花火は、全く音のしないものだ。説明が難しいが、対岸の100メートル程の岩までワイヤーが放射状に5本張られており、そのワイヤーにつけられた花火が対岸に向かってドンドンと進むのである。仕掛け花火である。そして対岸の岩の上からは時折大きなタイマツが川に落とされ、川には灯籠が流れる。それを思い思いに眺めるのである。なかなか風情がある。

■河回マウル。夜、岩の上からタイマツが落とされた

3日目、9月29日（日）は、またまたメイン会場で仮面劇、それに日本から参加のひとり人形劇「赤頭巾ちゃん」を観た。あとで分かったことだが台詞も人形もまったく一人でやっていた。朝鮮語での上演で韓国の子供たちも喜んでいた。以前は日本で学校公演を中心に上演していたが最近はもっぱら韓国で活動しているという。たいしたものだ。声援を送りたい。午後からみなでまたバスに乗り今度はお昼の河回に出かけた。日曜日で河回は混み合っていた。野外舞台では、グアムのグループが出演していた。河回の民俗村を見学したあと、常設の仮面劇劇場で、河回仮面劇を観た。すごい数の観客で背伸びをして覗きこんだ。こ

この仮面劇は毎日曜に上演されているもので、役者と観客のかなり卑猥なやり取りが、私の朝鮮語能力では理解できなかったがとても面白かった。

河回の途中で立ち寄った風停寺もよかった。韓国のお寺は多くが山中にあり、私たちの韓国ツアーでもよく訪ねるがいいものである。

4日目（**30日**）、この日はバスツアーで陶山書院にでかけた。メイン会場での仮面劇三昧にも飽きてきたころで、いいバス旅行になった。他に博物館や巨大な石仏も訪ねた。午後に安東にもどったら、途中合流で河回にまだ行っていない林弘城さんがやはり河回に行きたいという。それで2人でタクシーに乗ってでかけた。私は3回目の河回だ。月曜日で前日とうってかわって静かな河回マウルを堪能することができた。遅くなってタクシーもなくなって、さあ困ったと思ったら具合よく仮面劇フェスティバル巡回バス（有料）の最終便があり、安東に約束の時間にもどることができた。そしてツアー最後の晩の宴会である。といっても毎晩のようにメイン会場の屋台で飲んでいたが…。

5日目、最終日はいよいよ帰国だ。安東で仮面劇を堪能して一路ソウル仁川空港にバスが走った。このフェスティバル、韓国のケンチャナ精神が随所にでていて上演されるはずのコクツガクシノルム（伝統人形劇）がプログラムから消えていたり、プログラムにはなかったがやはりムーダン（みんな男だった）のかなり激しい踊りが延々と続けられているコーナーがあったりで充分に楽しむことができた。また「祭」ツアーは続きそうである。

（むくげ通信195号、2002年11月）

17　張壹淳先生10周忌の集いに原州を訪問して（２００４年）

２００４年５月21日から24日、久しぶりに韓国を訪問した。原州で活動されていた張壱淳先生の10周忌の会に招待され、保田茂（神戸大学名誉教授）、一色作郎（有機農業農民、兵庫県市島町）、信長夫妻、朴淳用（留学生）の各氏と私の６名での参加であった。行事には大阪エスコープのメンバーも参加されていた。

■あいさつする保田茂氏と金栄柱氏（右）

張壹淳先生の号は無為堂。生命思想を唱えた「在野の元老」としてよく知られた方で、金芝河の先生にあたる。１９９４年５月22日に66歳で亡くなられたが、同年10月、一色さんとお墓参りに訪問した。その訪問記と李泳禧先生の追悼文（『ハンギョレ新聞』１９９４・５・24）を『むくげ通信』１４７号（１９９４・11）に掲載している。

張先生は何回か神戸学生青年センターを訪問されている。韓国カトリック農民会の精神的リーダーでもあり、１９７０年代には朴正熙軍事政権に反対する民主化運動を担うなど積極的な活動をされた。しかし先の李泳禧先生の追悼文によると「一つの時代を変革なさったその大きな業績にもかかわらず一生を〝一粒の小さな粟（一粟子）〟を自認しながら生きてこられました」という。

今回の10周忌の行事は、三冊の本の出版記念会、モニュメント建立式と関連の文化行事であった。出版された本は、①『나락 한알 속의 우주（落ちた一粒の中の宇宙）』（緑色評論社、再版）、②『너를 보고 나는 부끄러웠네（あなたを見て私は恥ずかしい）』（緑色評論社）、③『좁쌀 한알（粟一粒）』（トソル出版社）。

■左から保田、一色、飛田、信長たか子

5月21日、9：40のKALで仁川空港へ。空港から原州「土地記念館」に直行した。この記念館は長編小説『土地』の作者＝金芝河の母・朴景利さんが作られ、館長をされているものだ。金芝河さんの基調講演には残念ながら間にあわなかったが、その日は、夜遅くまで、張先生のドキュメンタリ放映や討論会など盛りだくさんの行事があった。

翌日は午前中に生協運動の方向性等をめぐって熱心な討論会があり、昼には張先生の墓地で記念碑の除幕式があった。そして、みなでお墓参りをした。

午後、博物館に場所を移した。そこでは、張先生の詩・

書などをテーマにした展示があった。張さんは書画家としても有名で、張さんからいただいた絵が学生センターにも飾ってある。ずっと見ていても飽きない素敵な絵だ。「富国都城之栄華不如野花之楽」とある。

展示会で素敵だと思った1枚は、張先生の詩を別の画家が墨絵にしているもので、1本の道がシンプルに描かれており、その道が切れている所に一人の人が立っていた。その詩は、急ぐことはないのであって貴方が歩いた所までが道なのですよ、というような詩だった。写真を撮り忘れたのが残念だ。

■ 記念碑前で久しぶりに会った金景南氏と私（右）

博物館の庭ではサムルノリなどの文化行事が繰り広げられていた。出し物のひとつは在日歌手の李政美さん。張先生の記念行事にボランティアでかけつけたとのこと。トークもきまっており、拍手喝采を受けていた。日差しのきついいい天気で大変だっただろうと思う。一方、観客のほうは歌を聞きながらマッコリを飲んだりしていた。40リットル入り？　ポリタンクが何本も並んでいた。もちろん私たちも、大いに飲んだ。

夜は、サウナだという。張先生の支援者のサウナ経営者が貸切りで提供してくれた郊外のサウナ。交流しながら、まさに裸と裸のつきあいだ。150人ぐらいは泊まっていたのではないかと思う。ゴザを被ってはいる韓国式サウナも初めて経験した。

翌23日は、この方もセンターの有機農業運動と大いに関係のある車興道牧師の農村教会と元留学生・金起燮、鄭燦圭両氏の働く生協を訪ねた。夜は保田先生のもとで学んだ留学生の同窓会を楽しんだ。ソウルでの泊まりは、江南のキリスト教施設。

■熱唱する李政美さん

最終日24日は、明洞カトリック教会内の生協で交流、南大門市場ショッピング（冬ソナの葉書をたくさん買った）などをした。明洞で「お好み焼き式アイスクリーム」を食べた。美味しかった。鉄板ならぬ鉄冷板の上でまず牛乳を固めてその後お好みのバナナやイチゴをのせてちょうどいい具合に固めるのである。聞いてみると韓国のオリジナルとのこと、日本でも絶対流行ると思う。

そして夕方、仁川空港から関空へ。忙しかったが充実した旅であった。

（むくげ通信205号、2004年7月）

18 上海・南京・大連・旅順フィールドワーク（2004年）

——神戸・南京をむすぶ会

２００４年8月13日から21日の9日間、「神戸・南京をむすぶ会」訪中団に参加した。今回は、上海・南京・大連・旅順を訪ねた。南京では、南京大虐殺の現場や南京神社跡などを訪ねたが、ここでは朝鮮関係のことを報告したいと思う。

上海では、魯迅公園を訪ねた。１９３２年4月29日に尹奉吉がこの公園（旧虹口公園）で天長節の式典時に爆弾を投げつけたのである。これにより上海派遣軍司令官の白川義則、上海日本居留民団長の河端貞次らが即死し、重光葵公使、第３艦隊司令官の野村吉三郎ほか数名が重症を負った。記念碑の近くに朝鮮風の梅亭がありそこが尹奉吉記念館となっている。閉館時間になっていたが無理を言って開けていただいた。朝鮮族の女性が丁寧に説明をしてくれた。

尹奉吉は、忠清南道礼山で生まれた独立運動家で、中国に渡ったのち金九の韓人愛国団に入って独立運動を展開したのである。金沢で処刑され陸軍墓地の通路部分に暗葬され、戦後に正式に埋葬されたことでも知られる。

今回のフィールドワークの目的は南京大虐殺と旅順虐殺だった。旅順虐殺については、加藤周一氏

■旅順監獄

■尹奉吉記念館のある梅亭

が1988年8月23日付本紙夕刊の「夕陽妄語」欄「『南京』さかのぼって『旅順』」で触れている。戦闘が終了したのちにも、旅順と南京で民間人に対する虐殺が行われたが、加藤氏は、この二つの事件は、海外でよく知られた事件だが、日本政府が日本人に知らせようとせず、責任の所在を明らかにしようとしなかったことが共通していると述べ、旅順虐殺が南京大虐殺につながったとしている。また神戸時代のラフカディオ・ハーン（小泉八雲）も「神戸クロニクル」（1894年12月7日付）紙上で「日本軍の行為はなんの言い訳も受け入れられないであろう。（中略）婦人、子供や非戦闘員に対する不必要な残虐行為については、その行為を犯した者たちの行動に責任を負う将校たちを厳格に罰するべきである」と批判している。

その犠牲者の「萬忠墓」が旅順にある。敷地内にはよく整備された記念館もある。ちなみに日清戦争の中国での名称は「甲午戦争」のようだ。

もう一カ所、旅順で訪問したかったのが安重根が処刑された旅順監獄である。正式名は「旅順日俄監獄旧史址陳列館」である。「俄」

はロシアのことで、ロシアが作った監獄を日本が日露戦争ののちに増改築して作りあげたものである。萬忠墓とともに外国人に公開されていない施設で当初見学できないとの通知を受けたが交渉の末、行くことが出来るようになった。安重根のために特別に準備されていた部屋も、また朝鮮独立宣言を書き、ここで病死した申采浩が入れられていた部屋も見学した。図録『難以忘却的一頁—旅順日俄監獄・上集』および日本語の解説もある『血・魂』および、20分程度の映像が収録されたCD-ROMを買い求めてきた。

特に処刑場ではショックを受けた。ソウルの西大門刑務所にもある形式だが、ロープが3本も吊り下げられているのである。また、処刑後、死体が硬直するまでに木の丸い棺桶に折り曲げて入れ、埋葬したのである。その棺桶が一部記念館内に移され展示されていた。その棺桶も最後の時期には木材が不足して底の抜けたものを作り死体を固めるだけに使用して溝を掘って埋めたのである。

「神戸・南京をむすぶ会」の訪中団は今年で7回目。SARS事件で中止した昨年を除いて1997年から毎年夏に行なっている。日本の侵略の現場を訪ねる旅は、気が重くなることも多いが毎年新しい発見がある。来年も南京ともう一カ所を訪ねることになっている。

（むくげ通信206号、2004年9月）

■萬忠墓

19 第2回日韓歴史研究者共同学会in釜山（2005年）

■第２回日韓歴史研究者共同学会の会場

「第２回日韓歴史研究者共同学会―在日韓国人・日韓関係歴史の再検討―」が、２００５年８月６日〜７日、釜山で開かれた。初日が討論会で会場は海雲台Ｂ＆Ｂホテル、２日目がフィールドワークである。

第２回とあるのは第１回が03年７月に滋賀県で開催したからである。故朴慶植先生を中心に始められた在日朝鮮人史研究会が関東（代表・樋口雄一）と関西（青丘文庫内、同飛田雄一）にあるが、この両者が主催したものだが、同じく朴先生の指導を受けた韓国人留学生が中心となって韓国で作った韓日民族問題学会（会長・金廣烈）もその滋賀大会に参加していた。韓国のメンバーから２年後の釜山開催の話がでていたが、それが実現したのである。今回の主催は、韓日民族問題学会と霊山大学校国際学研究所（所長・辛源龍）。

むくげの会からは堀内さんも参加し、後日、むくげメーリングリストに長文の報告を書かれている。

討論会のテーマ等は、以下のとおりである。

①戦後日本における戦没者遺骨問題　南相九（強制動員被害真相糾明委員会）／討論　飛田雄一、②朝鮮人徴兵制度の実態　塚崎昌之（大阪府朝鮮人強制連行真相調査団）／討論　崔ジョンゴル（霊南大）、③敗戦前後の時期における日本の朝鮮人渡日規制　金廣烈／討論　樋口雄一、④朝鮮女子勤労挺身隊の動員方式　発表　山田昭次（立教大）／討論　鄭へギョン（強制動員被害真相糾明委員会）、⑤総括討論　参加者全員

金太基さんの司会で始まったが、冒頭からすべて朝鮮語で、若干?面食らった。開会直前に韓国側から、参加者は全員バイリンガルであるはずとして時間がないので通訳なし、どちらの言語で発表・討論してもよし、と言われたのである。

双方に日本語・韓国語を理解しないメンバーもいたが、会はドンドンと進められた。私は、どちらでも良かったが?日本語で討論した。韓国側の発表論文は事前に見ることができなかったので、細かいコメントはできず一般的な討論をした（堀内さんいわく、発表を聞かなくてもできる討論）。

夕食&交流会は、ホテルのレストランで楽しく終了。二次会は、別のホテルのビヤガーデンで。そして、精鋭はさらに三次会のカラオケにでかけた。私も堀内さんももちろん精鋭である。

今回の釜山は、前日に釜山入りして林オンギュさんと合流、フィールドワークに夕食・カラオケ。セミナー終了後もまた合流して、同様なコースをたどった。3日3晩よく食べ飲み歌い、充実した日々であった。

（むくげ通信212号、2005年9月）

20 済州島フィールドワーク（２００６年）
——２００６夏・日本軍の作った軍事施設跡を訪ねる

■松岳山の特攻基地跡前で

２００６年夏、済州島を訪ねた。「２００６朝鮮人・中国人強制連行・強制労働を考える日韓交流ネットワークin済州島」という会合で、８月４～６日の３日間開催され、日本から45名が参加した。主催は、在日朝鮮人運動史研究会（関東部会代表・樋口雄一、関西部会代表・飛田雄一）および朝鮮近現代史研究会（代表・水野直樹）、韓国側では、済州大学耽羅文化研究所、済州島史研究会が共催し、済州４・３研究所および漢拏日報が後援した。

１９７０年代より強制連行についての調査が様々なグループにより各地で行われ、90年代には全国の市民グループにより「朝鮮人・中国人強制連行・強制労働を考える全国交流集会」が99年まで10回にわたって開催された。

①1990年、愛知県（名古屋市）、②91年、兵庫県（西宮市、神戸市）、③92年、広島県（呉市）、④93年、奈良県（信貴山王蔵院）、⑤94年、長野県（長野市松代町）、⑥95年、大阪府（高槻市）、⑦96年、岐阜県（岐阜市）、⑧97年、島根県（松江市）、⑨98年、石川県（金沢市）、⑩99年、九州（熊本市）

その後、全国交流集会は形をかえて各地の市民グループが、呼びかける形で①2000年9月、兵庫県（神戸市）、②2001年9月、大阪府（茨木市）、③2002年、秋田県（花岡）、④2004年10月、北海道で開催された。

2006年は、初めて韓国済州島でこの交流集会が開催されることになったのである。済州島には沖縄戦を上回る日本軍が投入され、数多くの朝鮮人が動員され「本土決戦」のために総延長50キロにおよぶ地下軍事施設を初め、多くの軍事施設が作られた。現在もそれらの施設の一部が残されているのである。飛行場関連の施設は「本土」よりはるかに完全な形で残されているのである。今回の交流集会には日本から45名が参加した。

交流集会の公式日程は3日間だが、その前後にオプションがついていた。その①は、前日の「4・3人民蜂起（1948年）」、その②は集会翌日の漢拏山登山である。私はもちろんフルコースで参加した。

現地集合、現地解散の交流集会は、オプションも現地集合。集合時間は8月3日（木）午後1時30分、場所は済州空港である。関空便、成田便、ソウル便、釜山便あるいは船便で20名が集合した。そ

■内部に犠牲者の名前が集落ごとに刻まれている

■済州４・３平和公園・記念館

してチャーターした観光バスでのフィールドワークが始まった。ガイドは済州4・3研究所の若い研究員・高誠晩さんだ。このバスは44人乗り、メインの日本軍施設フィールドワークでは満員になるが、オプションでは余裕である。

最初の訪問地は、済州4・3平和公園である。広い敷地の中に記念館、慰霊塔、追悼の広場などがある。公園のある場所は事件と直接関係がないようだが、地価の安いところに広い敷地を確保するために選ばれたという話も聞いた。いずれにしても、韓国の政権がかわり「逆賊」とされていた人々が名誉回復されてこのような立派な公園が作られたことに感動した。

次に訪ねたのが楽善洞。4・3事件当時、パルチザンを孤立させるために写真のような石垣で囲んだ地域をつくりその中にいる人々だけがパルチザンでないとしたのである。たまたまこの地域ではミカン栽培の風除けとして今も利用されているためにこの石垣が残っているのである。

この楽善洞にはまた、殺戮をのがれるために入った洞窟「モクシムル穴」が残されている。これまで日本各地の地下工場跡などに沢

■穴の内部に残されている遺物

■楽善洞の石垣

山入ったがこの洞窟がいちばんすごかった。狭いし暗い（これは当たり前）し、内部がでこぼこで奥に進むほど引き返せなくなるのではと考えてしまうような洞窟だ。狭い入口を見て躊躇したが、蚊の大群にも攻められていたので、えいと思って中に入ったのである。50人ほどが息を潜めて生活していたところで、子どものものとみられる生活用品も人骨も残されていた。

全長80メートルほどの洞窟で、トンネル調査のプロの塚崎昌之さんももうひとつの出口まで行くのを断念して引き返してきたほどである。

再びバスに乗り、虐殺現場のひとつ北村邑のノブンスンイに向かった。ここは村民の3分の1の500名が犠牲となったところである。作家の金石範さんがここを訪れたとき、墓標もなにもないので、せめて石でもと畑の一角に積み上げたものが残されている。多くの子どもも犠牲になっており、絵本が置かれている石組みもあった。

次の目的地「消された村」に向かう途中に参加者のひとり金慶海さんの実家に立ち寄ることにした。金慶海さんは兵庫朝鮮関係研究

■実家の前での金慶海さん

■子どものための絵本が置かれた石組み

会のメンバーで、4・24阪神教育闘争の研究等で知られている。今は住む人もなく、はっきり言ってぼろぼろの家だったが、藁屋根の昔の面影を残していた。

「消された村」は坤乙洞。1948年1月4日午前9時ごろ、軍の作戦により24名の村民すべてが殺されて村が消滅してしまったのである。いまは、その集落の石組みだけが残っている。

夕食は、豚の焼肉、済州島の名物だ。日本でも最近よく食べられるようになったサムギョプサルだが、済州島ではオギョプサルというらしい。3枚肉に対して5枚肉ということか。私の好みは安物の冷凍豚肉をそのまま薄く切ってアルミをしいた鉄板で油を落としながら焼くサムギョプサルだ。以前、釜山で3人なので3人前を注文したら横に座った女学生が2人で4人前を注文したのでびっくりした。安い店では量も少ないのでそのように注文するのである。ベーコンをカリカリに焼いて食べる感じで美味である。この夜食べた済州島の豚ももちろん上等で美味であった。

宿泊は、オリエンタルホテル横のテギョン（太京）モーテル。京都創生大学の辛在卿先生のオモニの経営するモーテルだ。韓国の

■坤乙洞「消された村」の石垣

■2003年4月3日建立の記念碑

モーテルは日本のそれとは少し違っている。誤解?のないように。辛さんとオモニにはお世話になり、かつだいぶまけていただいた。感謝。

翌8月4日（金）、午後に本隊と済州空港で合流するのだが、それまでオプションの4・3ツアーが続く。訪ねたのは別刀峯の海軍地下壕跡。チャンス（長寿）散策路沿いにいくつかの穴があいている。散策路沿いのものは中に入れないように柵がしてあるので、少し藪を分け入って中に入ってみた。未完成の地下壕で10メートルぐらいで行き止まりだった。

午前中さらに空港近くの「英墓園」に立ち寄る。ここは前日に訪問した政府の作った4・3記念施設ではなくて地域の住民が自ら作った施設であるのが特徴である。ここには3つの霊が祭られている。植民地支配時代の独立運動、朝鮮戦争、4・3事件の犠牲者である。解説の高誠晩さんによると相互に矛盾をはらんだ歴史を踏まえながら住民たちが作ったことに意義があるとのことだ。私もそう思った。敷地内には大阪の下貴一里親睦会の記念植樹もあった。

英慕園でオプション「4・3」を終了して、空港にみなを出迎え

■独立運動、朝鮮戦争、4・3事件の犠牲者を祭る

■別刀峰の地下壕跡

にいく。また、関西、関東などから続々と集まってきた。総勢44名。簡単な結団式?ののちバスに乗り込む。バスは、ガイド席を含めて45席。私たちは4・3研究所の高さんを含めて45名。満員である。ツアコンの私には好都合である。席が埋まっていればいいのであって、人数を数える必要がないのである。

ところで韓国のバスには補助席がない。その理由の有力なのか?アジュマダンス説。バス旅行をするアジュマ(おばさん)たちは高速道路であろうと歌って踊って旅をする。補助席がある分狭くて踊れないので韓国のバスには補助席がないと考える説である。私もこの説を支持している。

公式行事としてのフィールドワークの最初の目的地は、日本軍地下陣地を博物館にした施設=平和博物館。博物館には展示館と地下陣地跡部分がある。第1地区だけが公開されているが、今回は李英根館長の特別の計らいで未公開部分も見学することができた。公開部分は補強され照明も完備していたのでスイスイだったが、未公開部分は狭いうえに滑りやすく高低もある。はぐれると危険なので絶対前の人の後を付いて行くようにとの指示だったが、迷う人もでて、館長を呼ぶ声も聞こえたりした。

夕方さらに島の南西部分に日本軍が作ったアルトル飛行場跡を訪ねた。翌日、もう一度訪ねる予定なので、航空管制塔?跡から全体を見渡すことにした。景色はいいが上部には柵もない。ここで塚崎さんから説明を聞いたが落ちそうで怖くて集中していられなかった。周りには滑走路跡、あるいは掩体壕7、8個を見ることができる。この飛行場から1937年南京大虐殺の年に南京爆撃が行われた。第1号機は無理をして長崎県大村から出発したが、飛行距離の限界で帰路は済州島へ。その後の南京爆撃はもっぱらこのアルトル飛行場からなされたのである。

この日の宿舎は島の南側にある西帰浦済州大学校セミナーハウス。セミナーハウスの内外で夜遅くまで交流会が開かれたことは言うまでもない。

8月5日（土）は午前中に同セミナーハウスで「済州島の日本軍軍事施設と強制動員」をテーマとするセミナーが開かれた。

朴賛殖さん（済州大学史学科）の司会で始められたセミナーは、許南椿さん（済州大学校耽羅文化研究所長）の挨拶ののち以下の報告/証言があった。

飛田雄一「日本における強制連行・強制労働調査の現在」／黄碩奎（済州大学校耽羅文化研究所）「済州島日本軍大11師団駐屯の実情―現場調査を中心に」／塚崎昌之（15年戦争史研究会）「済州島での本土決戦準備と戦後をつなぐもの」／池映任（済州大学校耽羅文化研究所、代読）／証言・許賛富（第58軍司令部御乗生岳徴兵者）／斉藤正樹（ウトロを守る会）「ウトロのまちづくりに向けて」／内

■今も残る掩体壕跡

■証言する許贊富さん

海隆男（広島の朝鮮人強制連行を調査する会、正木峯夫代読）「強制連行・強制労働現場を追って─新聞記事調査について」

午後はふたたび満員のバスでフィールドワークに出発。昨日、管制塔跡から眺めた掩体壕にも入ってみた。付近にあった4・3事件の虐殺現場は「百祖一孫の墓」、虐殺されて百人の祖先に一名の孫しか残らなかったと言われているが、その場所は日本軍が弾薬庫として掘った大きな穴だったのである。

その横の山はソダオルム。山上には高射砲台が2機残っていた。さらに牧場の柵を乗り越えて山を下りると海軍地下壕跡。入口は牛舎の奥にあった。蝙蝠の飛び交う中、有志は奥まで入っていった。もちろん私も。

海岸まで歩くとそこは松岳山。人間魚雷回天のための特攻基地が日本軍によって作られたのである。そこで働かされた任チャンスさんのお話を聞く。過酷な労働だったようである。

海岸沿いに穴がいくつもあいている。いずれも未完成のものだ。その中のひとつがなんと「チャングム（長今）の誓い」の最終回に出てきた朝鮮で初めてチャングムによって帝王切開手術が行われた

■海岸沿いの松岳山の洞窟

■証言する任チャンスさん

洞窟なのである。看板にはどの洞窟か書かれていなかったがチャングムファンの私にはどの洞窟かすぐに分かった。

チャングムで終わりと思いきや、再び山に登ってもうひとつの地下壕に向かった。これまた牧場の中を登るといくつか塹壕の跡があり、さらに登ると小さな穴があいている。いずれも軍の地下壕跡だ。米軍が上陸した時には塹壕と地下壕を利用して戦うというのである。この地下壕は連絡通路用らしく本当に狭い。私は珍しく断念した。その中のひとつは、奥まで進むと頭を岸壁の真ん中からのぞかせることができるというが、今回、誰もそこに到達することができなかった。いずれにしても馬には迷惑なことだっただろう。

充実したこの日のフィールドワークはここで終了し、西帰浦にもどって夕食交流会となった。

公式行事3日目も日本軍施設フィールドワーク。その前に唯一の観光コース、正房瀑布を訪問した。しかしここも4・3事件の現場でもあった。天気もよく虹も見られたが、写真では無理か？

瀑布を満喫したのちバスで御乗生岳登山口へ。ここは漢拏山への登山口でもあるのだが、御乗生岳山頂には日本軍のトーチカが残されている。整備された登山道を歩くこと30分。展望のいい山頂に着いた。

再び御乗生岳登山口に戻るが、さらに山を下ってもうひとつの沢を登り返すと別の地下壕があるという。行ってみることにした。メンバーはだいぶ減って15、6名か。かなり急な坂を登ること30分。第1地下壕に到着。ここの蝙蝠はすごかった。だんだんとなれてきて顔に当たっても驚かなくなってくる。さらに登ってもうひとつの地下壕にも入ろうとしたが、つい最近の?崖崩れで入口がふさがっている。中からは涼しい風が吹いてきているが、トンネルの名手・塚崎さんの「お手上げ」を見て皆、納得の退散となった。

山を下り、昼食は済州市内でかなり美味しい参鶏湯をいただいたのち、済州空港に向かう。2泊3日の公式プログラムの終了である。空港で解団式をして、それぞれの飛行機に乗るメンバーを送った。

明日の漢拏山登山オプションのために残ったメンバー20名は、再び太京モーテルに行き、シャワーを浴びてから街に繰り出した。明日の登山に備えて馬料理のフルコースである。済州島の名物料理のひとつだそうだ。刺身から始まって、ギョウザ、寿司、煮付け、しゃぶしゃぶ、すべて馬である。美味だった。寿司はもうひとつだが、しゃぶしゃぶはグー。

8月7日（月）、オプションその②の漢拏山登山である。バスはそのまま45人乗りのバスをチャーターしている。朝8時、モーテルを出発する。途中でキムパップを仕入れて霊室の登山口までドライブだ。天気は快晴、申し分ない。当初、飛田がガイドの予定だったが、済州登山会の会長で日本軍施設調査にも功労のある呉ムンピルさんが弟子とともにガイドしてくれた。一般的に券売所までしかバスは入れない（韓国の山はほとんど入場料がいる）が、呉さんが、自動車を手配してくれたので舗装道路はルンルンの自動車走行。そして標高１２８０メートルから歩き始める。時々してくれる呉さんの山のお話は本当に興味深かった。

登山コースは４つあるが、一番時間の短い簡単なコースが霊室コースだ。だが、このコースと下った御乗生コースは山頂まで行けないコースなのだ。２コースは最後の道が急峻で自然保護の観点からその部分を登山禁止にしている。私は、１９８４年に学生センター朝鮮語講座の有志で漢拏山に登ったが（『むくげ通信』84号参照）、その後２０００年に学生センター4・3ツアーのときにも漢拏山に登ったがその時は工事中ということで１７００メートル高地までしか登れなかった（通信１８０号参照）。2年おきに禁止になり、今は全面禁止となっている。頂上にある火山湖白鹿潭（ペンノクタン）は本当に綺麗な湖だが、残念である。どうしても頂上まで登りたい場合には、長時間の登りを覚悟して東または北からのコースを登らなければならないのである。

今回の私たちは、楽勝のコース。綺麗な花をめでながら、ゆっくりと登った。有名な自然の造形・五百羅漢も見事だった。山頂では、呉さんの「顔」で避難小屋で昼食をとらせていただき、山では販売していないビールまでご馳走になった。恐縮。

今回の最高峰も１７００メートル高地。記念写真を見ても分かるように山の上に白鹿潭がある。最後の道が急峻なのである。84年に登ったときは小学生も登っていたが、鎖とロープをたよりにしつつ、石の落ちてきそうな崖を登るのである。道が狭くそこは登山客であふれかえったラッシュアワーでもあった。

下りもルンルンで快適な登山道を御乗生登山口まで下りた。そして下山口に回ってもらったバスに乗って一路空港に向かうことになった。

時間もあったので「お化け（トッケビ）道路」に立ち寄った。目の錯覚によりどう見ても下りに見える道路が実は上りなのである。ボールや水を使って確認すると、感覚とは別のことが起こるのである。

このトッケビの仕業か、ここでハプニングが起きたのである。空港に向かう途中でその晩に日出峰で泊まるメンバーを降ろすためにバスターミナルで停車した。そのとき、メンバーがひとり足りないことに気付いたのである。トッケビ道路でSさんを忘れてきたのである。45人満員のときはそんなことはなかったが、20人のときは危ないのである。ツアコン失格である。Sさんは朝鮮語もできるのでなんとかなるだろうという予想どおり、後で無事ホテルで合流できた。なんでも、タクシーもなくて頼み込んで日本人ツアーのバスに乗せてもらったそうだが、そのガイドは「なんとひどい旅行会社だ」と憤慨していたとか。まあ、無事でなによりだった。

空港で再びお別れをして、更に残った者が太京モーテルにもどった。実は、オプションの登山をすると当日の帰国は無理だろうと私はもう一日泊まる予定を立てていたのである。結局、登山の日もバスをチャーターできることになり、その必要がなくなったのだが、せっかくだからともう一日、のんびりと過ごすことにした。

8月8日（火）、7名でまず大きい自然洞窟・万丈窟へタクシー2台で向かう。とても寒い万丈窟であった。その2台のタクシーを結局一日チャーターすることにして、今年できたばかりの海女記念館に向かった。

展示も素晴らしいもので特別に学芸員が案内もしてくださった。敷地内には、日帝時代に抵抗運動をした海女を記念する立派な塔も建っていた。そこで記念写真！

■漢拏山 1700 m高地で

さらにタクシーで日出峰まで行った。運転手の勧める食堂の海鮮鍋がうまかった。今回の済州島旅行の中で随一だった。

この日出峰にもあるという海からしか見ることができない日本軍の洞窟を視察するために（?:）、モーターボートに乗ったりもした充実したオプション③を終えて済州島をあとにしたのである。

（むくげ通信218号、2006年9月）

21 済州島一周サイクリング（2007年）

〈1日目／9月6日（木）／済州島〉

済州島一周サイクリングだ。私はこの日のために昨年（2006年）10月から自転車を始めたのだ。昨年8月の「アジア・太平洋戦争の時期に日本軍が作った軍事施設フィールドワーク」に参加したが、そのときの参加者、Bさん、Hさんがすでに4回達成したという済州島一周サイクリングをしてみたくなったのである。（軍事施設フィールドワークについては20を参照のこと）

私は今年の正月、むくげの会ソウル合宿ですてきな「済州島自転車旅行地図」をゲットしていた。ソウルの観光公社でサイクリング地図を求めたら奥からだしてきてくれたのがこれ。驚くべきことに日本語版だ。発行は、社団法人自転車21。2冊もらい、翌日さらに2冊もらった。詳細な自転車専用道路のほかに、コース案内もある。「シリーズ16」とあるので、外の地図もあるらしい。全部ゲットしたいものだ。（http://pable.or.kr/DataRoom/Publication3.aspx）を見ると他にも地図がある。（今度はソウルオリンピック公園内にある自転車21に自転車で乗りつけるぞ!!）

さて、朝5時15分、鶴甲の自宅を自転車で出発。三宮から関空行きのリムジンに乗るのである。途中、ほんとうにきれいな朝焼け。こんな時間に自転車でうろうろすることはないので感動。

6時のリムジンに同行のKさんと乗車。自転車の前輪だけをはずして輪行袋に入れるのだ。もうだいぶ慣れているのですぐできた。ただ今回は飛行機で運ぶので、少しは丁寧にパッケージし、重要な部分には登山用マットのハギレ（?）をあてた。マットは登山仲間のスーさんの意見を聞いてだいぶ短くしているので、ハギレができたのである。

関空には7時過ぎには着いた。出発は9時30分、時間は充分にある。でもBさんが私たちのパッケージを点検してくれて、ＯＫがでるまでは不安である。なにしろ、初めて飛行機に自転車を積み込むのである。ほどなくBさんが着いて、点検をしてくれる。ツメモノを他にも考えてくれていたらしいが、「なんとかこれでいいだろう」ということになった。参考にBさんの輪行バッグの中を見せてもらうと、古いチューブなどを使いばっちりと固定している。先輩は違う。

■済州空港に無事着いた自転車

関空からは神戸の2人組を含めて7名。現地合流があって最終的には10名になる予定だ。
ＫＡＬのカウンターに自転車を持っていく。けっこう目立つ「こわれもの」の札をもらってつける。私は自転車とリュッ

■木石苑／憂いを解く場所

■耽羅木石苑

クを預けた。なにしろ自宅から三宮まで自転車だったので、荷物は背負えるリュックしかなかった。リュックも軽くして10キロぐらいにした。

カウンターの中をのぞいていると、自転車を特別待遇で扱ってくれている。なにしろ大きいので普通のコンベアに載らない。危なっかしかったが、ＫＡＬスタッフが動いているコンベアの上を自転車を持って歩き、別のところに自転車7台を運んでいる。そして特別列車（大きなリヤカー）に載せられて運ばれていった。自転車って、えらいのだ…。

時間通りに出発した飛行機には、台湾人が多い。大阪、韓国と団体旅行しているようだ。落ち着いた機内で、まずカンパイ。済州島一周サイクリングの成功を祈った。そして、済州空港に到着した。いよいよ始まる。

――が、雨だった。それもとてもすごい雨だ。それでも小降りになったら走ろうと、レストランで昼食。コムタンがおいしかった。これからの食事も楽しみだ。

1時30分まで、雨の様子をみて待機だったが、ダメだ。走れそうにない。断念して、自転車を組み立てずにそのまま飛行場の荷物コーナーに預ける。1日5000ウォン、あすまでで10000ウォン（1200円?）だ。

今回のサイクリング、Hさんの手配でバスをチャーターしている。18人乗りだ。10名の済州島一周サイクリングでは何が起こるか分からないし、サポート車が必要なのである。

出発を断念した私たちは、そのバスで済州自然史博物館にでかけた。「なにもない」という風説もあったが、それなりに勉強になった。

次に耽羅木石苑を訪ねた。ここは10数年前に訪ねてとても印象に残っているところだ。私たちがあずまやでわいわいと喋っていると1人の女性が近づいてきた。神戸出身の韓国人でこの木石苑のオーナーの奥様だという。灘温泉（阪急六甲）がなかなかいい、などとローカルな話題もでてきた。

■木石苑、苑内

また、韓国の巨大スーパーEマートに買い物にいった。私は、自転車用の手袋を買った。どういうわけか、片方の手袋がなかったのである。私のショックはその片方がつい2、3日前まで使っていたのに狐につままれたように消えたことである。こんなときは、忘れたことを忘れるに限る。

今回のサイクリング、当初の予定は3泊4日。済州市に泊まらずに、西の高山あたり、南の西帰浦あたり、東の城山あたりに泊まる予定だった。それぞれ毎日50〜60キロの行程だ。初日の大雨で予定がだいぶおかしくなった。

夕方になって、あすの天気に気をもみながら宿舎に移動。空港近くにある海岸沿いの小さなホテルだ。すぐ近くに魚料理屋がある。刺身ほかほかの夕食だ。しま鯛18万ウォン、名を知らない魚10万ウォン、最後はメウンタン（辛い汁）だ。二次会は、それなりにして眠りにつく。

〈2日目／9月7日（金）／済州市〜高山〜中文〉

朝、雨がやんでいる。7時50分、バスで空港にでかけ、自転車をひきとり組み立てる。飛行機輸送にはタイヤの空気を一部抜いておくのが定番で、不足分の空気を入れる。わが友Bさんは、携帯用の時間のかかるポンプのほかに大きいポンプも持ってきてくれている。みんな輸送にともなうトラブルはなかったようだ。着いてみたら大事な部品が壊れている、ということも、かつてあったようだ。

8時40分、いよいよ出発だ。7名で午後から3名が大阪から追いかけてくる予定だ。済州島一周サイクリングは、国道12号線を単純に走ると１８０キロ程度だが、私たちは極力海岸沿いを走るので２５０キロほどになる。

島を時計と反対に回る。空港から右に済州独特の黒い火山岩がごろごろとしている海を見ながら、快適に走る。満を持してのサイクリングで、二日酔いもなんのそのだ。道頭《トヅ》、下貴《ハキィ》、涯月《エウォル》、翰林《ハルリム》と進む。海岸道路があるときには原則的にそこを走る。そこには自転車専用道もついているが、ほとんど車が来ないので海岸道路の一般道をそのまま走る。飛揚島《ピアンド》の見える風光明媚なところもある。沖縄

■手チ・ジニ（ミン・ジョンホ役）の前にたちはだかり、イ・ヨンエとツーショット

■チャンスンという守護神

のようなエメラルドグリーンの海が済州島にあるとは思っていなかった。大感動だ。

　昼食は、島の最西端にある高山で。カルチョリム（太刀魚の煮付け）が、メチャうまい。ここで3名が合流した。チャーターしているバスが空港まで3名を迎えに行ってくれたのだ。機動力のあるチームだ。

　しばらく行くと山房山《サンバンサン》が見えてくる。このあたりは昨年の日本軍施設フットワークで訪問したところだ。日本軍が飛行場を作って1937年の南京爆撃に使用している。南京爆撃の第1機こそは、無理をして長崎の大村から飛ばしたがその後はここ済州島から飛ばしている。目を凝らしてみると掩体壕（格納庫）が見える。

　そして松岳山にでる。ここも日本軍が特攻潜水艦の基地などを作ろうとしたところだ。かの「大長今」のイ・ヨンエが、朝鮮で最初に帝王切開手術をした洞穴も、日本軍が作ったものだ。実際は朝鮮人労働者を動員して作らせたものだが…。このあたりのことは、先に紹介した昨年のフィールドワークの記録20を参照のこと。

山房山は海岸沿いのいい山だ。お寺もある。私たちはこの山を時計の反対回りに回り込んで、今夜の宿泊地・中文《チュンムン》に向かう。中文は「中文リゾート」として有名だ。結構アップダウンのある道だったが、がんばってペンションに到着した。中文では山側のペンション村のようなところだった。

サイクリング初日の走行距離は97キロ、平均時速18・5キロ。いい線である。済州島の強い風を追い風にして快調に走ることができた。

夕食は、済州島名物の黒豚（ホッテージ）。五枚肉（五層肉、オギョプサル）とも言う。三枚肉（サムギョプサル）より上等だ。二次会もそこそこにおやすみする。

〈3日目／9月8日（土）／中文～西帰浦～城山日出峰〉

朝6時、私はひとり散歩にでる。もちろん自転車でだ。日の出に、鳥に、犬に、心を躍らせた⁉

本番は7時45分に出発。ファミリーマートで朝ご飯だ。私は「かつおうどん」とおにぎりだ。うどん2200ウォン、おにぎり2000ウォンはちょっとアンバランスに思った。おにぎりはいまや韓国でもスーパーの人気商品だそうだ。

中文を快適に抜けて東進すると、大きなアップダウンのある3、4キロの車のほとんど通らない道があった。それなりに各人の実力にあわせて、スピード出し放題であった。私もこんな機会はめったにないので、下りで思いっきり勢いをつけてはその反動で登った。

坂道がわりあいと好きな私は、実は、このような登り方はお勧めではない。私が六甲山サイクリングに友人を誘ったときのキャッチフレーズは、「もっとも軽いギアーでなんとかこけない程度のスピードで（4、5キロ？）登る」だ。速いギアーで勢いをつけて登ってもたかがしれている。そんなせこい？ことは考えずに一歩一歩、一漕ぎ一漕ぎ、登るのである。ハアハア言わずに、登れるのが理想だ。ただし、ぜんぜんスピードはでない。ロードレーサー用ではない。登山の延長線上の山登りのようなものだ。

中文から西帰浦《ソギッポ》に入るが、車の多い市街を通らないすごい道をBリーダーが案内してくれた。「牛馬道」だ。3キロほどのまさに岸壁の上の道だ。半分ぐらい自転車を担ぐのではないか、とのことだったが、担いだのはほんの50段ぐらいだ。ほんとうに気持ちのいい道だ。ここでも「大長今」のロケが行われたのだ。やはりイ・ヨンエさんの看板と記念写真を撮った。

牛馬道をでて少し行くと、かの正房瀑布《チョンバンポッポ》。何回きても、断崖から直接海に滝がかかっているのがステキだ。やはり、いろいろと記念写真を撮った。

食べ物のことばかり書いているようだが、昼食は南元《ナモン》の食堂で「カルチ汁」（タチウオ）。これがまたうまい。

さらに東進して表善《ピョソン》。その後は北上ぎみに回って温平《オンピョン》あたりで渉地岬《ソップチコジ》の教会が見えてくる。が、これは本物の教会ではない。かの「オールイン」のロケのために作った教会なのだ。イ・ビョンホンとチェ・ジウの感動的な（思い出すなああ！）場面。時間がなくて行けそうにないので、デジ

■以上、「大長今」撮影現場

■牛馬道

タルズームで撮ったら、結構映っている。よく見ると大型の観光バスがひっきりなしに動いている。

観光客は日本のおばさんばかりではなく、台湾のおばさんも韓国の一般人も来ているらしい。

このあたりの海岸道路も一般道の横に自転車道がついているものだが、自動車がほとんど通らない。だから車道を快適に走れる。渉地岬のつけ根を過ぎるといよいよ城山日出峰が目の前に迫ってくる。これまで車で日出峰に来たときとは違う感覚である。とてもいい感じだ。

ほどなく城山に入ると、Bさんご存知の田舎道を通って宿舎に到着した。午後4時15分。ナント、宿は、昨年の済州島フィールドワーク後のオプションで日出峰に来たとき立ち寄った食堂だ。そのときチャーターしたタクシーの運転手のお勧めで、そのフィールドワーク中の最高の食事だとメンバーが絶賛した店だ。食堂からは日出峰が目の前だ。部屋に入るとそれがまた日出峰の目と鼻の先、そして南側にも大きな窓そしてベランダがある。

サイクリング2日目の走行距離は97キロ、平均時速18・5キロ、5時間14分。朝7時45分出発のことを考えると、結構長時間休んでい

■正房瀑布

■ここにも日本軍の遺跡が

る。いや、これでいいのだ。

シャワーをあび、くつろいだ。私は、またポタリング（サイクリング業界の専門用語で軽いサイクリングのこと、ハイキングに対してのトレッキングか？）にでかけた。日出峰の登山口、あす渡る牛島《ウド》へのフェリー発着場・城山港など。海女さんの漁も見た。

私が宿にもどってから事件が発生した。Ｐさんがいないのだ。今回のツアーは宿は走行状況を考えて行きあたりばったりで決める方式で、メンバーは宿を事前に知っている訳ではない。日出峰ということにだいたい決めていただけで、宿そのものを知っているメンバーも少なかった。

さあ、大変だ。自転車で、タクシーで捜す。警察署にも行く。なにしろ、本隊到着後２時間ぐらいたっているので、ほんとうに心配だ。タクシーのメンバーから警察に保護されているとの情報が入りみなホッとしたのもつかの間、その情報は間違いだった。警察にいたのは捜索隊のメンバーだった。

その直後、行方不明のＰさんが疲労の色濃い暗い顔で警察に入ってきて劇的な再会をはたしたのであった。そのＰさんの話によると、日出峰あたりに来たとき急に前方の自転車が見えなくなった。あたりを30分ほど自転車でウロウロしたが、誰も探しにきてくれない。宿の客引きは何回も何回もどうぞどうぞ、という。顔なじみになってしまったアジュマ（おばさん）にも、そのうち会わす顔がなくなってしまった。

迷子になったときには現場を離れないという原則を守っていたPさんだが、牛島に行くという話を思い出して、先に進むことにした。10キロほど進んで、もうひとつの牛島までフェリーがでている終《チョン》達浦口《ダルポグ》に着いた。そこはかなりさびれたところだ。こんなところで泊まることはない。日出峰あたりに派出所があったことを思い出して、またその10キロを引き返したのである。そして再会できた。

■日出峰にもある日本軍の穴。ほんま、こまったもんだ

本隊は宿に着いた時、さあ着いたとすぐに自転車を宿の裏にまわし、シャワーなどでくつろいだのである。Pさんの「突然前を走る自転車が消えた」という表現は正しい。この間、ほんの2、3分ではないかと思う。気がつかずにくつろいでいた本隊が悪いのである。反省!! すぐに気がついていれば、日出峰あたりをウロウロしているPさんを発見できたはずである。

ともあれ、Pさんの到着に歓声をあげた私たちは、夕食についた。日出峰を見ながらの、おいしい魚料理である。Pさんの話題を酒の肴に、最後のメウンタンまで堪能して夕食は終了した。海にはイカ釣り漁船のいさり火が見える。二次会もそこそこに（?）明日のために就寝した。風の多い済州島のこと、洗濯物はすぐに乾く。窓は閉めなくては寒いぐらいで、日本の熱帯夜がうそのようだった。

〈4日目／9月9日／飛田の最終日／城山日出峰〜牛島〜金寧〜朝天〉

前日のPさん事件では、筆ではなくてキーボードが走ってしまった。Pさん、ほんとうに反省しているのです。ごめんなさい。はい。

朝6時、私はまたしてもポタリングにでかける。前夜、5時に集合して日出峰に登ると宣言していたメンバーのうちJさんだけが山に登ったようだ。

私は、日出峰への半島と堤防によって内海になっている湖（?）を一周することにした。もっと時間があれば「オールイン」の半島に行きたいところだが断念した。朝は車も少なく快適だ。済州島らしい民家のならぶ集落もあった。

朝食は7時からで豪勢にも「あわび粥」。けっこうな量があったが全部たいらげた。おいしかった。8時10分出発、まずは城山港から牛島だ。9時にフェリーが出航なので時間は

■手際よくパンク修理をするBさん、私たちは見守るのみ

充分にある。が、パンクが発生した。今回のツアーでのパンクは、6件、3人。3回もパンクしたJさんは、プロ級のBさんが修理しても、自転車屋でタイヤを交換してもパンクした。この日は、タイヤを日本で交換してきたばかりだというQさん。フェリー出発までの待ち時間にBさんが修理する。新たらしいタイヤゆえか、なかなかチューブが引き出せない。私たちは見守るのみ。時間を計ったように出来上がり、みなで乗船する。15分の船旅だ。漢拏山もよく見えている。

牛島は周囲10キロのほぼ平坦な島。以前、日出峰に登ったときにいつかは渡ってみたいと思っていた島だ。時計回りに走る。それこそ牛島には車がないのかと思うぐらい車が少ない。快適なサイクリングだ。北端に灯台があり、その部分は道がなくて完全一周はできない島だ。灯台付近は『連理の枝』のロケ地があった。チェ・ジウの看板を探してツーショットを撮りたかったが、もっと上のほうにあるのか発見できなかった。

牛島には牛が放牧しているのかと思っていたが、馬しかいなかった。

「海女の小屋」もあって私たちはそこで休憩した。

韓国式の墓もあり、ポルチョ（伐草?）といわれる草刈りをしている家族も見かけた。「淡水池」の看板を見てなんのことかと思ったが、水不足の島で雨水を溜める池のようだ。帰りは別の港から、10時40分発の小さいフェリーに乗った。小さいフェリーのほうが頻繁にでているのでそれで戻るように、とはバス運転手さんの助言だった。

牛島から本島に戻り、サイクリングを続ける。旧左《クジャ》に向かってこれまた快適な海岸道路を走る。お腹もすいて昼食、と思いきやサポートバスとの連絡ミスでさらに1時間ほど走ることになる。道はあいかわらず快適でも、昼飯と思ったのに食べられないとなると、ドッと疲れがでる。

1時15分、無事デソン（?）に到着する。昼食はウロク・メウンタン。ウロクは魚の名前だが、今年正月のむくげの会ソウル合宿で話題となった、人相ではなくて魚相の悪いやつだ。しかし味は申し分なかった。

さて、済州島一周まで余すところ30キロぐらいだが、きょうの飛行機に乗らなければならない私にはタイムアップの時間が迫ってきた。完全一周はあきらめなければならない。金寧《キムニョン》あたりまで走り、あとはサポートバスに自転車を積み込んで走った。

走行3日目の私は、49キロ、平均時速16キロ。完走まであと30キロとすると、わがグループの済州島一周＋牛島は、総計約２７０キロとなる。

最後の一部ショートカットは残念だが、私の充実したサイクリングは大満足、大感激で終了した。

空港でも、はやなれた手つきで自転車を輪行バッグにつめ、チェックインをすませ、空港のレストランでひとり乾杯した。至福のときであった。

初参加の私を快く迎えてくださったBさん、Hさん、みなさん、最高のサイクリングをありがとうございました。みなさんのように私も済州島一周サイクリングに完全にはまりました。なんでもいたしますゆえ、来年も連れて行ってください。

（飛田雄一ブログ２００７年9月19日より）

22　済州島一周サイクリング（2008年）

私の自転車事始め

最近、自転車にはまっている。本通信のトップ記事、本来なら「研究レポート」のところにサイクリングネタを書くのには少々ためらうところがある。が、勇気をもって書くので、他に書くネタがなかったのだろうなどと言わずに支持してほしい。読者の支持がなければ会での地位すら危うくなってしまうのだ。

高校の時には北野町近くの再度筋から兵庫高校まで自転車通学をしていたが、とくに自転車青年であった訳ではない。サイクリングなどしたことがない。その私がいま「自転車中年」をしている。

06年夏、強制連行調査グループが主催する済州島に残る日本軍の戦争遺跡を巡るフィールドワークに参加した。その詳細は、『むくげ通信』２１８号（本書20参照）をご覧いただきたい。このフィールドワークに大阪の玄善允さんと白珠相さんが参加されていた。彼らは済州島一周サイクリングをしたというのである。それも毎年で、すでに５、６回実施したとのことだった。私はこの話に感動して帰国後すぐに自転車を買った。ママチャリではない24段切り替えのクロスバイクだ。翌年の済州島一周サイクリングに参加するためである。

購入後、毎日自転車に乗った。仕事で郵便局に行くのにも、西宮あたりまで会議に行くときも。なにせ自転車に乗りたいのである。私の自宅は鶴甲団地。神戸学生青年センターから北に2キロほどだが標高差が150メートルもある。でも自転車通勤をした。最初はゼエゼエドキドキであるが、よくしたものでそれなりに登れるようになるのである。下りは5分、登りは30分という感じである。

購入後1カ月ほどしてから六甲山にも登り、そのことを自転車屋さんに言ったらあきれられた。すごいスタミナ、巨大な太もも、と思われそうだがまったく違う。もともと登山の心得のある私は、坂道をかろうじて転ばない、歩いているのと変わらないようなスピードで長時間登るコツを身につけたのである。知る人ぞ知る漫画『シャカリキ』は神戸が舞台だと言われているが、その一番坂、二番坂（私の推測では長峰中学校と六甲中学の急坂）にもチャレンジして成功し、ひとり悦にいったりもしている（92〜95年、秋田書店、曽田正人著。全18巻のこの漫画、実におもしろい。貸出可）。

こうしてトレーニングをかさねて07年9月、済州島一周サイクリングに連れて行ってもらった。リーダーは先の玄さんと白さんである。一度実現すれば充分だと思っていた一周サイクリングだが、昨年（08年）10月、またしても行ってしまったのである。

さあ、関空から済州空港へ

サイクリングを始めたとき、私には「2大疑問」があった。ひとつは、NHK中年サイクリング入門講座で普通の人が500メートルの山に登ったこと、もうひとつは玄さんのいう「5分もあれば自転車を輪行袋に入れて列車に乗れる」ことである。驚きの内容だったが今の私には楽勝である。

2回目となる昨年の済州島一周サイクリングは済州島までスムーズだった。1年目はリムジンバスで関空まで自転車を運ぶことも、飛行機に乗せることも不安だった。が、今回は余裕綽々である。リムジンバスの停留所で、自転車を輪行袋に入れている私を好奇の目で見る人々に、愛嬌をふりまいたりもするぐらいであった。うらやましいか……。

かくして済州空港に到着した。空港の荷物が出てくるところに行くと、すでに自転車だけは特別扱いでローラーの横のところに置かれていた。空港の外で自転車を組み立てるが、なんの問題もなかった。

少し雨模様なのでまず空港の食堂で軽く?チゲを食べてからいよいよ出発である。今回も時計と反対回りに済州島を一

■豪快な豚料理

周するのだ。空港を東に回りこんでから海岸線を西に西にと軽快に走る。リーダーの白さんは、できるだけ車の少ない道を走ってくれる。自転車専用道も多いが、それでなくても海のすぐそばの海岸道路は車も少なく自転車専用道路のようである。

一日目は軽く40キロ程度で、翰林グリーンビーチホテルに泊まる。ホテルというよりはモーテルか。夕食は豪快に豚料理である。とても美味。飲んで食べた。ここまでのメンバーは7名。あす3名が合流することになっている。

2日目―翰林から南元へ

翰林のモーテルをそこそこの時間に出発する。昼ごろに遮帰島をのぞむ高山に着く。前年にいただいたここの太刀魚とかぼちゃのスープがあまりにも美味しくてまたやってきたのだ。この地域は亜熱帯の植物も生息し、自然保護地域に指定されている。また付近には新石器時代の遺跡もある。

南下して済州島南西部に向かう。ここは日本軍が太平洋戦争末期に多くの朝鮮人を動員して作った軍事施設がたくさんあるところだ。

「日帝戦跡施設総括説明文」という日本語、英語、中国語、朝鮮語の銘板も新たに設置されていた。「1945年4月には…第58軍事指令部を新設し、日本と満州から7万人あまりの大規模兵力を済州島に集結、駐屯させた」とある。地図もあり、滑走路、管制塔、掩体壕の場所などを確認することができる。

大静の済州島４・３事件のモニュメントが完成したとのことで、そこにも立ち寄った。前回は工事中で、大きな駐車場だけできていたが、今回、立派に完成していた。

このあたりは日本軍の施設がたくさんあり、それが４・３事件のときには、例えば弾薬庫がそのまま虐殺現場にもなったというつらい歴史が残っている。

この掲示によると１９５０年の朝鮮戦争時に３４４名が予備検束され、２１０名が虐殺されたという。奥にすすむとモニュメント、詩碑があり、虐殺現場周辺に追慕の道もある。

さらに走って松岳山に着く。ここにも日本軍の塹壕、地下トンネルなどがたくさん残されている。

■４・３遺跡地ソッサルオルム虐殺地入口の看板

展望台からは加波島、馬羅島またこのあたりの目印になっている山房山も美しく見える。

海岸沿いにのこっている洞窟が、映画のロケでも使われた。そこでかの「大長今」のイ・ヨンエが済州島に島流しにされて針治療の練習をしたり、朝鮮で初めて帝王切開手術をする場面があるが、その洞窟も日本軍がつくったものだ。ドラマの時代考証としてはめちゃくちゃである。イ・ヨンエの大きな看板もある。

そこは観光地になっており、飴売りもでていた。大きな鋏をガチャガチャと鳴らしながら飴を売っている。この鋏では、飴は切れそうにないと思っていたが、実は道具として使われている。板状の飴を切るときに鋏を金槌がわりに上手に使うのである。それもガチャガチャの伴奏いりである。このようにじっくり観察させてもらったので、甘党でない私も1袋飴を買った。

横では、メガネを売っている。少々いかがわしく、それをつけると写真の人物の様子が変わって見えるのである。インテリ風の男性が本を読みながら販売しているので、いろいろ話をした。目をみればその人の健康状態がすべて分かる先生だという。東洋医学のひとつだそうだ。私は健康には問題がなさそうなので、診てもらいはしなかった。そのメガネも買わなかった。

遠くからずっと見えていた山房山には立派なお寺があるが、参拝はせずに先を急いだ。

■山房山をバックに。真ん中が筆者

昼には済州島南部の中文リゾートに着いた。コンビニで思い思いのものを買って食べた。私はラーメンとおにぎり。けっこうおいしかった。韓国のコンビニはどこでもお湯が利用でき便利である。

このコンビニで後続の3名と合流した。チャーターバスが、済州空港までその3人を迎えにいってくれていたのである。総勢10人となった。女性が1人である。昼食をすませてから西帰浦に向かう。西帰浦市内は車が多いので避け、「牛馬道」を行く。白さん発見の素敵な道で、海岸の絶壁の上にある。その絶景を見ると、ときどき自転車を担いでは痛くなる肩の痛みも苦にならない。でもやっぱり痛いのは痛い。

この道で白さんのタイヤがパンク。いつもメンバーのパンクをにこにこと直してくれる白さんのタイヤがパンクしたので、一同、安心（?）する。

またこの道沿いにも日本軍が軍事施設を作っている。米軍の沖縄上陸の次は済州島上陸であるとして、当時の日本軍が済州島南部に多くの軍事施設を作ったのである。掲示版には「300メートル行けば日本軍が自爆魚雷『回天』を作った洞窟をみることができる」とある。

西帰浦ではちょうどお祭りをしていた。韓国の祭りには私もよく出かけた。江陵端午祭、公州民族文化祭、珍島霊登祭、安東仮面劇祭、いずれも神戸学生青年センター主催の「韓国祭ツアー」でとても懐かしい。このなかでも私の一番のお薦めは江陵端午祭だ。ほんもののムーダンが祭りの中心地域で大活躍しているし、川の両岸、堤防の上と下に計8列の屋台が200~300メートル並ぶのである。サーカスまででている。是非、もう一度行きたいものだ。

祭会場天地淵瀑布付近では、朝鮮民族の伝統遊びの紹介もあった。竹馬もコマも矢投げも。これも「大長今」がらみの?拷問椅子もあった。中学生のグループがテストをしていた。私は恐ろしくて参加せず、写真を写しただけだ。楽しい。（この写真も残念

■フルメンバー。カメラマン・飛田

ながら省略。むくげ通信ホームページより閲覧可）。

竹笛製作コーナーにも寄ってみた。2本の竹を組み合わせて音の出る場所を探し、音が出れば瞬間接着剤でくっつけるのである。なかなかうまく行かない私は一所懸命説明員にとりいって完成品をもらってきた。

きょうの目的地は南元。午後、けっこう観光しながらも無事に夕方に到着した。夕食は鰻の蒲焼き、韓国焼肉スタイルの蒲焼きで、やはり焼けてからハサミで切ってくれた。泊まったペンション「トンナム」は素敵なところだった。

3日目─南元から日出峰へ

今回は3泊4日で済州島を一周することになっており、コース的に余裕がある。朝、南元を出発し済州島の南東部から徐々に北上することになる。日出峰がようやく見えるようになると右手にソプチコジが現れる。半島になっていて、イ・ビョンホンのテレビドラマ「オールイン」のロケ地として知られている。私はイ・ビョンホンのファンだ。行かねばならない。

半島の先にそのロケ地がある。映画用の教会が中心だ。映画の最後の場面では、ヒロインのソン・ヘギョが暮らす修道院のあったところだ。修道院まで登らないメンバーもいたが私は一巡した。スターには会えなかったが、大きな写真は何枚も見た。

そして城山日出峰だ。いつみても海からスクッと立つ姿が美しい。昼食にはあわび粥をたらふく食べて、まだ時間があるので午後に牛島を一周する。フェリーで牛島に渡り、ほぼ平坦な約10キロの島を回った。日本植民地支配の時代に海女の抗日闘争の歴史をもつ島でもあるが、立派なモニュメントもある。前回も牛島を一周しているが、初めてで余裕がなかったのか、今回気がついたのである。

牛島から日出峰にもどり、泊まりは、とあるモーテル、夕食は前回泊まった城山浦トッペギ。ここの海鮮チゲは最高だ。07年の済州島フィールドワーク後、4名でタクシーをチャーターして日出峰に来たとき、運転手が勧めてくれた店だ。ほんとに美味しい（なんどもしつこい！）。日出峰も目の前でロケーションも抜群だ。リーダーの玄さんが電話で予約をしたらダメだったが、実際に来てみると空いていた。電話を受けただんなさんが商売熱心でなかったのか…。でもすでにモーテルにチェックインしていたので、夕食だけいただくことにした。

この日出峰といえば前回の大トラブルが忘れられない。Pさんが迷子になったのである。Pさんが悪いのではない。私たちのグループは泊まりの場所があらかじめ決まっていてそれをメンバーが確認しているというグループではない。少し遅れていたPさんは、宿に入ったみんなに気がつかず、うろうろとしたのである。先に入り、自転車を駐輪場に回したメンバーがすぐにPさんのことに気がつけば良かったのだが、みんな気づかずに風呂にも入ったのである。2時間後に気がつき、タクシー、パトカー、自転車を総動員して捜した。Pさんは、忽然と消えたメンバーを捜して、日出峰で誰かが迎えに来るだろうと待っていたが誰も来ない。そして更に前進したのである。結局、日出峰の派出所まで戻ってきたPさんと私たちは涙の再会を果たしたのである。今回、Pさんは、南元付近でペダルが固まって動かなくなり、チャーターバスで自転車屋まででかけて修理、無事合流となった。前年のトラブルに比べたらまことにちょろい。

4日目―日出峰から済州市に

早朝、日の出をみるために懐中電気を持って3人で日出峰に登った。あいにくの天気で日の出を見ることはできなかった。山上からは城山の街の明かりがとてもきれいだったが、このむくげ通信の印刷では興ざめなので、後日、私のブログにでもその素敵な写真を掲載することにする。

日出峰を出発して昨日回った牛島を右手に見ながら島の東部を北上する。みんな、それなりに元気だ。一般道に飽きたころには白さんが、自転車でしか通れないような田舎道も走ってくれる。

昼食は、けっこう探してサムゲタン（参鶏湯）をいただく。有名店ということでそれなりに美味。宴会をしていた男性のひとりが消防署員でサイクリストとのこと。かなり酔っていたが、「済州島の自転車専用道路は年々整備している。来年はもっといい道になっているから是非また来てほしい」などと言ってくれた。最後は濃厚な抱擁をされて別れた。

もう済州島も5分の4ぐらい回ったことになる。一路、済州市をめざして走った。このころになると快走ではないメンバーもでてきて、隊列は前後に大きく間延びする。そして時々迷子にもなるが（私でした）、全員無事に済州市のホテルに到着した。約250キロ。

基本的に済州島一周サイクリングは終了で、打ち上げは馬のフルコース。前菜?、スープ、ギョウザ、しゃぶしゃぶなど、すべて馬だ。少々いきすぎの感もあるが、めったに食べるものではないのでいいか、と思う。酔いが回ると話がすすむ。白さんのしゃれも炸裂する。あまりに面白くてメモしたのをせっかくだから紹介する。どういう文脈ででてきたお話かの記憶は、ない。

トイレの水を流さない「大学生」。　大学生＝だい（大）がくせい（臭い）！

番外編の5日目です

基本的な済州島一周サイクリングが終了してもなお残っているメンバーがいる。私もそのひとりだ。10人分の自転車をバスに積むのは難しいが、６人になるとＯＫだ。どこにでも行ける。標高の高いところまでバスで行って、一気に下りてくることになった。目玉は、済州島のオルム（小さな火山）のなかで唯一水をたたえるムルチャッオルム。これも白さんの事前調査による。

朴正熙大統領がつくった「５・16道路」を登る。この５・16はご存知朴正熙クーデターの日。韓国民主化の過程でこの名前も変えられるのかと思っていたが、まだ健在だった。かなり標高のあるところでバスを降りて砂利道を進む。自転車で行けるところまで行って、最後は徒歩で急坂を20分ほど登った。そこには美しい湖があった。が、実を言うと木がうっそうとしていてもうひとつだった。展望台に行けばきれいかな、と思って更に登ったが、その展望はハルラサン側。素晴らしい展望であることには違いなかった。展望台から湖方向の木を切り倒したらいい景色になると思うのだが、そんな勝手なことを考えるなんて不謹慎だ。反省！

ムルチャッオルムを存分に楽しんだあとは、素敵なダウンヒルだ。どんどんと下るだけだ。いくら登りに強いサイクリストも下りのほうが楽しくラクチンなのだ。

昼食は運転手お勧めのパジラククカルククス（あさりの麺）。これまた美味。下って下ってピジャリム（榧子林）公園を最終地点とした。とてもいい公園で、榧《かや》の木が立派だ。

園内散策ののち、自転車をたたんでバスに積み込む。車窓から済州島一周サイクリングの余韻を楽しみながら済州空港へと向かった。そして空港のレストランで最後の乾杯。空港では、友人のＫＣＣスタッフ・金成元さんに会ってびっくり。また、同じく済州島一周サイクリングを試みたが飲みすぎで一週間も走ったのに半周しかできなかった高仁鳳さんグループにも会った。なんということか。

いま、韓国の方には悪いが、円高でウォン安だ。昨年2月の訪韓では1万円が8万ウォンだったのに、今回は、初日が14万ウォン、最終日は15万ウォン。特に使うあてはなかったが、またしても両替をしてしまった。このウォンを持って、また済州島一周サイクリングに来なくてはならない。完全に済州島サイクリング中毒症状である。


（むくげ通信232号、2009年1月）

23　中央アジアのコリアンを訪ねる旅（2010年）
――カザフスタン、ウズベキスタン

カザフスタンとウズベキスタン、その位置関係もよく分からないぐらいだった。が、行ってきた。すばらしかった。

2010年4月30日から5月8日まで9日間、神戸学生青年センターのツアーででかけた。私は団長兼ツアコン、なにしろ初めての国で不安いっぱいだった。が、少々不充分な燻製サンマを食べたことが原因による（？）体調不良者を出したが、大きなトラブルもなく全員無事に戻ってきた。メンバーは男性8名、女性3名の11名。むくげの会からは、飛田のほか堀内、山下夫妻が参加した。

1937年、スターリンによって当時沿海州にいた17万人の朝鮮人が強制移住させられたが、その子孫が現在もカザフスタンに10万人、ウズベキスタンに15・6万人暮らしているのである。その朝鮮人を訪ねる旅が実現したのだ。

1991年9月、当時ソ連の朝鮮人歴史学者・ゲルマン・キムさん（以下敬称略）が神戸を訪問しむくげの会とも交流した。当時東京の現代語学塾レーニンキチ（レーニンの旗）を読む会が出版した『在ソ朝鮮人のペレストロイカ』（1991・7、凱風社）の出版記念会に招かれたゲルマン・キムが神戸も訪問してくれたのである。講演会、宴会、ウトロ見学、ロシア料理店などなどと神戸で過ごされた。ゲルマン・キムは韓ソ国交樹立（1990・9）後に、ソ連から初めてソウルに派遣された学者で、その時の6カ月のソウル滞在で韓国語も取得された。神戸での講演会のとき、彼はロシア語、ドイツ語、英語のどれかで講演したいとのことだった。そこで、神戸外大のロシア語で堀内さんと同級生で、ロシア語で仕事をしているMさんに通訳をお願いした。複雑な歴史の通訳は難しいものがありロシア語、英語、朝鮮語のチャンポンの大変な講演会となったのだ。さぞ彼にはフラストレーションがたまった講演会であったろうが、彼との交流はこのようにして始まったのである。

『むくげ通信』128号（1991・9）に私は「在ソ朝鮮人歴史学者・金ゲルマン氏を迎えて」を書いているが、その末尾はこうだ。「遠い存在であった中央アジアの朝鮮人が金ゲルマン氏の来神により、急に身近なものとなった。わたしの心は、もう、カザフ共和国のアルマータに向いている。近い将来、そこを訪ね、わが『通信』にも旅行記を是非かかせてもらいたいと思っている」。

その後、ソ連は崩壊し、カザフスタンも独立した。カザフ語を使えない学者・ゲルマン・キムはどうしているのだろうかと気をもんでいた。カザフスタンからロシアに移住する朝鮮人が多いと聞き、またカザフ語のできない学者は地位を奪われるのではないかなどと、考えたのである。

が、そして、2008年、ゲルマン・キムは再来日した。大原社会問題研究所と北海道大学スラブ研究所が6カ月ずつ彼を研究員として招待したのである。2009年2月、私は札幌に出かけて再会を果たした。カザフ人の奥様・ザリーナさん（以下敬称略）も一緒だった。李景珉さんら札幌のメンバーとの会食会はとても楽しいものだった。そして、ゲルマン・キムと私は二度目のカザフスタン訪問の約束をしたのである。このときもたくさんビールを飲んだが、約束はきちんと覚えていたのである。

のちのメールでのやりとりで、時期を2010年のゴールデンウイークに決定。旅行社との折衝などを進めた。韓国、中国のツアコンは慣れているとはいえ、初めての国、カザフスタン、ウズベキスタンはまったく様子が分からない。ある旅行会社にプランを組んでもらい、そのプランで複数の旅行会社から見積もりをとったりした。結局、株式会社みずほトラベル企画（野津さん）と組むことになった（ある旅行会社さん、ごめんなさい）。

どのルートで行くのか？　どうも2つの方法があるようだ。

①関空から仁川経由でカザフスタン・アルマティ（アシアナ）↓ウズベキスタン・タシケント（ウズベキスタン航空）↓仁川↓関空（アシアナ）

②関空↓タシケント↓アルマティ↓タシケント↓関空（すべてウズベキスタン航空）

②のほうが費用的には安かったが、行ったり来たりで日程的にもきつい。なにはともあれ、まずはアルマティへ行ってゲルマン・キムに会わなければ不安だ。で、①となった。

次はビザ。私は、旅行社に申請書類をつくってもらったが、東京の大使館には自分で送る。行きは書留郵便、返信は、クロネコヤマトの着払い宅急便だ。不安だが大使館の指定だから仕方がない。それぞれ10日間ぐらいで返送されてきた。

入国書類などをみていると少々ややこしそうだ。カザフスタンはロシア語の入国カードしかないように書いているし、ウズベキスタンでは、３０００ドル以上などとは関係なく正確に申告しなければならないと書いてある。ツアコンの私は結構なドルを持参するので多々不安……。が、出発した。

4月30日（金） 成田発の佐野通夫さん以外の10名が10：45関空に集合。アシアナ航空１１１便で12：50仁川空港。佐野さんと合流して最初のビールで結団式をして18：10同１０７便で21：50アルマティ。時差は3時間で、実質6時間40分だ。緊張した入国手続きも無事終わったが税関で少々もたもたした。最後には仕切り線を突破したゲルマン・キムが登場してくれて（大学教授の証明書が威力を発揮？）通過した。最後の最後でここでは預け入れ荷物の引換券がないと外に出られないとまた少々のトラブルもあった。

ザリーナとも久しぶりのあいさつをして、チャーターバスでホテルに向かった。今回の旅行は、ホテル、バス等の手配は、ゲルマン・キムのかわりにすべてザリーナがしてくれたのである。

アルマティホテル。物価は、カザフスタンがウズベキスタンの2倍とのことで、ホテルのランクは最後に少しさげて、５つ星のカザフスタンホテルではなくて、４つ星のこのホテルとなった。

5月1日（土） 朝ホテルの窓からは天山山脈の４０００M級の雪をいただいた山並みが見える。うれしい。登りたい!!

いよいよ行動開始だ。朝食はホテルで、オートミールっぽいお粥。少々甘い感じ。じゃがいものパン？　は美味。でも、翌日からは洋食的にしてもらった。

■朝からはしゃいでいます

■4000 M級の山がひかっています。
ホテルから

朝食後、まずはホテルの前の公園を散歩。緑の多いいい雰囲気の街だ。この日は、現在はメーデーではなく「民族統一の日」で休日。街のあちこちでいろいろな行事が行われている。

メイン会場では、民族ごとのブースがある。コリアンのブースでは、キムチ、チヂミなどが振舞われていた。もちろんお酒もあった。舞台では様々な音楽が演奏されている。アリランも流れた。

午後、コリアンハウスを訪ねた。ソウルにあるコリアンハウスとは違う。実業家でもある高麗人協会の会長がビルを購入し、1階にレストランなどテナントを入れ、2階が協会の施設だ。多くの部屋があり、踊りの練習、朝鮮語講座、高麗日報編集室などがある。この協会の副会長はゲルマン・キムだ。ここで、施設案内をしていただいたのち、ゲルマン・キムの講演を聞いた。英語の講演で、通訳はメンバーの佐野通夫さん。本当に最後まで朝鮮語、英語の通訳をありがとうございました。

夕方、カザフ民族楽器博物館を訪問した。展示もよかったが、ギャラを払うと私たち11名のためのミニコンサートもしてくださった。男性のタングラーの演奏のあと、ガイドの女性も衣装を着替えて演奏してくれた。私の大好きなオカリナ（?）もあった。さらに近所のゼンコフ正教教会にでかけた。ミサが行われていたがその讃美歌のステキなこと。聞きほれた。

5月2日（日） きょうはバスで長旅だ。アルマティ北方350キロの「ウストベ」で、5000Kを強制移住させられた朝鮮人が最初に放り出されたところだ。この350キロ、5時間の旅だが、途中2つの街があっただけのツンドラの広野だ。ときおり放牧されている羊などをみるだけだ。

■緑のきれいな公園

まずウストベ郊外の朝鮮人小学校を訪問した。ゲルマン・キムも卒業したところだ。日曜日だったが校長先生が案内に出てきてくださった。ここには韓国のモルモン教の語学教師が派遣されていた。

そしてウストベ駅。朝鮮人がシベリア鉄道のおそらくノボシビルスク駅から南下して連れてこられたところだ。駅構内の食堂で韓国料理をいただいた。昼食後、記念碑と墓地のあるところに案内していただいた。12歳のときに強制移住を体験されているチョンさんも同行してくださった。当時最初に穴を掘り簡単な屋根（?）をつくって寒さをしのいだところにロシア語と朝鮮語で記念碑が建てられている。その荒野を

■チョンさんが当時のことをお話しくださった

■朝鮮語とロシア語の記念碑があります。「ここは遠東（極東）から強制移住させられた高麗人たちが1937年10月9日から1938年4月10日まで穴を掘って生活した初期の定着地である」

朝鮮人が開拓し米を栽培したのだ。

記念碑と墓地がある。墓地はソ連式のものだが、今も朝鮮式に葬儀が行われているとのこと。土まんじゅう式のものもある。このあたり、今は農地となっているが、朝鮮人が開拓したものだ。カザフスタン共和国独立後は土地の売買が自由に行われ、朝鮮人の土地も少なくなっているとのことだ。チョンさんは記憶もしっかりされていて、移住当時の話をしてくださった。

5月3日（月） 午前中、国立中央博物館を見学し、午後には市内から北へ15キロ、海抜１５２０～１７５０メートルのスケートリンクへ、滑らずに更に山の大きな砂防ダムまでバスで登った。あいにくの天気で、結構寒い。ザリーナ持参のウオッカを飲んだ。

昼食はカザフ的なパオで昼食、馬乳酒、羊乳酒を飲んだ。どちらかがおいしかった……。

夕方、今度は、ロープウェイでコクドベに登る。頂上には遊園地もある。

さらにロシア正教の教会にも行くが、ここでも讃美歌に聞きほれた。男性の神父ひとりと女性2名だけのようだったが、ハーモニーがとてもいいのだ。

5月4日（火） バザールで楽しい物見遊山をしたのち、ゲルマン・キムの働くカザフスタン大学へ行った。東洋学科で、日本語学科、朝鮮語学科の教師、学生と交流をした。それぞれに日本語、朝鮮語を上手に話していた。JICAより派遣された日本人の鈴木先生もおられた。カザフ人は日本人のように最初から愛想笑いなどしないが、とても気さくな民族。一方、ウズベク人は日本人的？で愛想がいい。これは遊牧民族＝カザフと農耕民族＝ウズベクとの違いか、などなど、なるほどそんな見方があるのかと思った。

■墓地で、ゲルマン・キムさん

JICAのカザフスタンセンターも訪問した。急な訪問だったが三苫所長が時間をとってくださりお話をしてくださった。「事業仕分」で大変だろうが、珍しい私たち11名の訪問が少しはお役（？）にたてばいい……。

5月5日（水） 12：50の飛行機でウズベキスタンのタシケントへ。13：40着、時差1時間で実質2時間のフライト。旧ソ連製のシンプルな飛行機だった。機内アナウンスがなく、一所懸命入国書類を書いていたら、着陸した。

ウズベキスタンは入国手続きが厳しいと聞いていた。税関では所持金をすべて申告せよとのこと。××ドル、××円と正直に申告した。2枚の申告書を提出しその1枚にハンコを押してもらって返してもらう。出国時に再度1枚の申告をしてその2枚を比べるということだ。実際、そのようなことはなかったが、ウズベキスタン国内でお金が増えていることが発覚したらそれは没収されるとのことだ。

タシケントについて遅い昼食。きれいなレストランだ。支払いは当然現地通貨の「スマ」。その前に両替したが、公定ルートは1ドルが1500スマ。その他（?）では、2000スマとのことだ。5000ドルを交換したら100万スマ、1000スマ札が1000枚。この1000スマ札が最高額のお札で、普通の財布では持ち運ぶことができない。「ウズベキスタンではレストランの計算に5分かかる」とはゲルマン・キムの言葉だが、実際時間がかかった。

タシケントを案内してくれたのは、大学助手のヨン様のようにかっこいいコリアンのミーシャ。ゲルマン・キムの友人のウズベキスタンの大学教授の弟子だとのこと。英語ができるのでガイドをしてくれたのだ。朝鮮語は勉強中とのことだ。

彼の案内で、ティムール（自由）広場を散策。緑がきれい、花壇がきれい。彼は私たちが希望した地下鉄にも乗せてくれた。プーシキン駅など3つの駅で降りてみたが、それぞれ雰囲気がいい。残念なことに撮影禁止とのことで写真がない。ウズベキスタンのほうはカザフスタンに比べると、旧ソ連的で（?）窮屈な感じだった。

5月6日（木） イスラム神学校を訪問した。カザフスタンはウランとともに希少金属がとれてウズベキスタンに比して裕福だという。一方、ウズベキスタンは鉱物資源がないが、裕福でない分、開発が進んでいなくて古い建物が残されている。シルクロードらしい建物はカザフスタンには少ないがウズベキスタンにはたくさん残っているとのことだ。

最初に行った神学校は2階が寄宿舎と教室、1階では民芸品の製作販売をしていた。ウズベキスタン独立後、イスラム神学校を政府が積極的につくっているが、その理由は外国で神学教育を受けてテロリストになられては困るからだと聞いた。

■ひろ～～い広場です。なんとか写せました。撮影は堀内さんです。

バザールにでかけた。すごい規模だ。肉、野菜、果物、食器なんでもある。この地方の小麦はパンの材料として優れているが美味しそうなパンもたくさん売っていた。たしかにいろんなところで食べたパンはすべて美味しかった。バザールは露店の面積が広いが、直径60～70メートルのドームもある。1階にはありとあらゆるものがあり、大きな吹き抜けを囲む2階は、なんとすべてドライフルーツ売場である。200～300軒もあるかもしれない。売り込みも激しい。購入もしたがそれ以上に（?）みんなたくさん試食をした。

午後、コリアンコルフォーズにでかける。ソ連時代のコルフォーズがまだ残っているのかと驚いたが、合同農場をいまもコルフォーズと呼んでいるようだ。ここは沿海州のコルフォーズが強制移住によってそのままタシケントにもそのコルフォーズが作られたのである。その5代目のリーダー・キムビョンファ博物館があった。案内をしてくれたチャン・エミリヤ・アンドレさんは、朝鮮語の良くできる方で、ご主人は生後半月で強制移住させられた方だ。キムビョンファの銅像が以前、広場にあったがウズベキスタン共和国独立後にこのコリアンコルフォーズに朝鮮人以外が増えてきて、その銅像も広間から現在の博物館の敷地内に移されたとのことだ。博物館の前には水路が開かれている。このような水路を朝鮮人が作り、それによってこの地が農地にかわったのだ。博物館には強制移住後にこの地に作られた幼稚園の写真もあった。案内してくださったチャンさんもこの幼稚園に通ったとのことだ。

■キムビョンファ博物館「この地に私は新しい祖国を探した」

チャンさんは大サービスで自宅にも案内してくださった。おみやげに畑のサンチュ（野菜）を刈ってくださった。それは、夕食のコリアンレストランでいただいた。

5月7日（金） 旅の最終日だ。ホテルをチェックアウトし、バスででかけた。韓国政府が設置している韓国教育院を訪ねた。所長のキム・ジュンスクさんは、初対面では日本人が11人もなんで来たのという雰囲気だったが、それなりに私たちが朝鮮語で説明したりしたら、感動（?）してくださったようで、館内の案内、パワーポイントによる活動紹介をパワフルにしてくださった。

ＪＩＣＡのタシケント日本センターも訪ねた。すでにアルマティ日本センターの三苫さんが連絡をしてくださっていた。短い時間だったが、米田所長が施設の案内やウズベキスタン事情について話をしてくださった。

■コリアンが作った水路を牛が渡ります

歴史博物館でカザフスタンに帰るゲルマン・キム夫妻と涙の別れをして、私たちは歴史博物館に入った。2、3世紀ごろに他民族に征服されたウズベキスタンの歴史を垣間見た。

タシケントには戦後に抑留された日本人が工事に携わった道路、建築物があるが、そのひとつであるオペラ劇場に行った。その劇場は1963年のタシケント地震のときにも崩壊しなかったが、そのことで日本人の建築技術が評価されたという話がある。日本人が工事に携わったという銘版もある。しかし、いやそうではない、日本人にあのような煉瓦積みの技術はない、それ以前にほぼ完成していたという説もあるようだ。そのオペラ劇場は毎夜ダンスやオペラが上演されている。外からみたらほんとに立派な建物で入ってみたかった。

そして、ウズベキスタン最後の夜は、南大門というコリアンレストラン。その看板にはどういう訳か、着物姿がある。タシケントの日本人は１００名ほどで食事にはコリアンレストランをよく利用するとのこと。そこで日本料理をだすと喜ばれてもうかるのだという。でもウズベキスタンの一般の人々には、韓国と日本の違いもあまり分かってないのではないかとも思う。

そして、22：20タシケント空港からアシアナ航空１１２便で仁川へ、08：50予定通り到着。時差は4時間、実質6時間半だ。仁川空港でウロウロして、関空組は10：00アシアナ航空１１２便で発って、11：40無事到着となった。佐野・成田組も無事到着となった。

■韓国教育院所長と記念写真

11名の珍道中、ゲルマン・キム夫妻には本当にお世話になった。事前のお願いは、①中央アジアのコリアンのことを知りたい、②二度と行けないと思うのでシルクロードの中央アジアも満喫したい、だった。無理なお願いにもかかわらず充分に私たちの要望にそって旅を企画してくださった。感謝感謝だ。二度と行けないとも思うが、このレポートを書きながら、また行ってしまいそうな気がするのである。

（むくげ通信２０４号、２０１０年５月）

24　延吉に尹東柱の生家などを訪ねて（２０１０年）

２０１０年夏、「神戸・南京をむすぶ会」のフィールドワークで延吉を訪問した。むくげの会では飛田と大和君が参加した。飛田は、１９８７年にむくげの会が大村益夫訳『延辺朝鮮族自治州概況』を出版したときに、むくげ出版の社長（?）として招待されて以来、久々の訪問だ（本書03参照）。

「神戸・南京をむすぶ会」は、１９９６年の「丸木位里・俊とニューヨークの中国人画家たちが描いた南京１９３７絵画展」開催時のボランティアが、一度は南京を訪問しようと作られた会で、まさかその後、毎年、計14回も南京を訪問することになるとは考えてもみなかった。毎回、南京訪問ともう1カ所、日本軍が侵略した地を訪ねることにしている。第1回の97年には淮南（パールバックの『大地』の舞台）、98年、撫順、99年、太原・大同・北京、２０００年、ハルビン、01年、蘇州・杭州、02年、重慶、03年はＳＡＲＳの関係で訪中できなかったが、04年、大連・旅順、05年、済南・青島、06年、無錫・石家荘・天津、07年には8月に南京・武漢、さらに12月には記念館リニューアルオープン時に南京、08年は、瀋陽・長春、そして昨年（09年）は牡丹江・虎頭・虎林を訪問した。現地を実際訪問して、現地でしか学べないような体験をすることができた。

2010年夏の14回目の訪問は、延吉になった。延吉は延辺朝鮮族自治州の首都で、抗日運動の拠点のひとつでもあった。また、尹東柱の生まれ育った明東村なども知られている。以下、延辺を中心にレポートする。

8月13日、関空から南京への直行便（週2回）で南京に入った。今夏の参加者は22名、うち格安で招待した大学生が4名だ。最初に個人経営の「南京民間抗日戦争博物館」を訪ねた。事業に成功された個人が自社ビルの一角に作ったものだ。そして、中華門。それは、東京山の手線ぐらいの大きさで南京城壁の南に位置する。門というよりそれ自体が「城」だ。

■中華門の映画セットと大和泰彦君

14日（2日目）、南京大虐殺の現場を訪ねるフィールドワークの日だ。午前中、燕子磯、草鞋峡、中山埠頭、挹江門を訪ねた。いずれも長江（揚子江）沿いの集団虐殺の現場で、記念碑が建てられている。午後には、「ラーベ日記」でよく知られているラーベ旧家、大虐殺当時「国際安全区」が設置された南京師範大学を訪問した。同大学には当時中国人保護のためにをまさに身を挺して闘ったミニー・ヴォートリンの像がある。

15日（3日目）は、毎年この日に記念館で日中合同の追悼集会を開くが、この行事が訪中の第1の目的である。記念館は２００７年に旧館の約3倍の規模にリニューアルオープンしている。今夏、日本は猛暑だったが、南京もまさに猛暑。中国では気温が40℃を越えると会社が休みで何らかの助成金がでるとか。そのため（?）発表では38℃あるいは39℃になっているのだ、と南京市民の間で噂が広まっているようだ。いったい本当は何度なのか分からないぐらい暑かった。またこの日から同記念館で中国人強制連行展が開かれるので、その開会式も続いて開かれた。その後、大虐殺幸存者（中国ではこのように呼ぶ）の証言集会が開かれた。証言してくださった張國棟さんは82歳。事件で親族が殺されたその体験を語ってくださった。

■燕子磯の記念碑前で

午後は、記念館を観覧した。広い館内を今年はゆっくりと観覧することができた。夜は、夕食後、恒例となっている南京一の繁華街「夫子廟」にでかけた。いつ行ってもとても賑やかだ。

16日（4日目）、午前中に東郊叢葬地、太平門の記念碑、宋美麗別荘を訪ねたのち、南京をあとにして上海までバスで約4時間、そして上海虹橋空港から飛行機で延吉に向かった。煙台経由の飛行機は1時間遅れで夜中1時前に延吉に到着した。広い中国には飛行機網が発達しているが、経由便が多く、時間が押せ押せとなって遅延が多いそうだ。中国人は1時間の遅れなんて気にしていないようだった。

そして17日（5日目）、延辺朝鮮族自治州の旅が始まった。メンバーの年齢は10代から80代、体調を崩す者もでている。若者は体調を崩すのも早いが回復も早い傾向があるようだ。加齢にともない、体調を崩すにも回復するにも時間を要するようになるとのことだ。

8時40分、バスでホテルを出発してロシア、朝鮮民主主義人民共和国、中国の三角地帯の防川《ぼうせん》に向かう。途中、揮春市街を抜けるが、それ以外に大きな町はなく、大草原をバスは走っていく。途中、立ち寄る時間はなかったが安重根故居の横をとおり、安重根がここにいたこともあるのかと、思いをめぐらす。

■8.15集会であいさつする宮内陽子団長

到着した防川には、軍事用の展望台と一般用のそれがある。私たちはもちろん一般用だ。あと15キロで海だが、この三角地帯では中国は海に接していない。その海、日本では日本海、韓国では東海。中国でも日本海だったが、その掲示には日本海を東海と訂正する書き込みもあった。望遠鏡を使わなくても、北朝鮮、ロシアがよく見える。よくぞここまでやってきた、と感無量であった。

帰路、中国と北朝鮮との国境の町として有名な図們を訪問した。橋の真ん中に国境線が引かれている。ものものしい雰囲気はなく、監視人も軍服ではなく一般人の服装をしていた。朝鮮側に監視人の姿は見えない。仕事で往来する人がいるようで、数人の女性が普通の通勤風景のように朝鮮側から帰ってきていた。橋の上のまさに国境の線を1歩またいだらどうなるのだろうかと思ってみたりしたが、眺めるだけで引き返した。中国側の展望台に登ると、更に朝鮮側がよく見えた。お土産店には北朝鮮の金日成バッジや切手、お金などが並んでいた。私は、等高線のはっきりした朝鮮半島の骨格が一目瞭然の地図を買ってきた。最近ますますサイクリングに凝っている私は、このような地図が大好きなのである。外で夕食をすませてホテルには7時半ごろに帰ってきた。丸一日のバス旅行であった。この日も延吉の同じホテルに宿泊した。

■ロシアと北朝鮮を結ぶ鉄橋

18日（6日目）は、尹東柱のフィールドワークだ。朝、延辺大学の金虎雄さんから「延辺地方の抗日運動と尹東柱」をテーマに講演をしていただいた。金さんは、延辺大学教授で同大学朝鮮韓国研究センターの主任でもある。体系的なとてもステキな講義だった。講義後、バスに乗り込み尹東柱が生まれ育った明東村に向かった。生家は復元されており、近くには明東歴史展示館もあった。尹東柱の卒業した明東小学校は現在は畑になっているが、その隣の敷地では校舎の復元工事が行われていた。

尹東柱の墓地も訪問したかったので現地旅行社にその旨を伝えていたが、中国的ケンチャナ精神（？）のために、実現

■延吉の朝市です。今回食べませんでした

■トラックが中国にやってきました

できなかった。私たちの大型バスではその山の入口で降りなければならず、30分の登山ということで諦めた。残念だ。

その後、長白山に向かった。今回のコースについて、最大7泊8日を前提にいろいろ研究したが、メンバーのひとりが長白山に飛行場ができていることを突き止めた（少々オーバー）。長白山は中国名で、朝鮮では白頭山と呼ぶ。同じ山だ。この山は朝鮮人の始祖の地であると同時に満州族の始祖の山でもある。

当初、延吉に3泊して最後の日に延吉から白頭山を往復することを考えていたが、この長白山空港利用によって、スケジュールに若干の余裕がでた。長白山に泊まり、翌日、余裕をもって長白山の登山と散策ができることになるのだ。

長白山の麓、吉林省安図県二道白川鎮のホテルがこの日も目的地だったが、水害のためこの地方は大きな被害を受けていた。この水害では松花江流域は特に被害が深刻で、大きく道がえぐれているところもあった。夜、9時過ぎになってホテル・虎林大厦に到着した。

19日（7日目）、朝5時半起床、6時半出発だ。私たちの乗って

■長白瀑布です

■尹東柱生家

きたバスで長白山の入口へ。ここで、入場券を買って別の専用バスで、中腹まで進む。そこでさらに4輪駆動のワゴンに乗りかえて山頂に向かうのである。山麓は好天だったのに山頂に近付くにつれて雲が多くなり、山頂直下では視界数メートル。が、気を取り直してしばらくの登山。そしてその山頂から天地を望むが、何も見えない。残念至極。看板の前で記念写真をするのがせいぜいだった。以前、天地をみたことのある私は、解説を試みようとするがブーイングと風の音にかき消された。猛暑の南京、涼しい延吉、寒い長白山であった。

ふたたび4輪駆動のワゴンに乗って下山すると、青空が見える。山頂付近は、雲がかかっているので、仕方がないかと、長白瀑布への遊歩道を歩く。水も木々も花々も瀑布も、みんなきれいだった。天地は、北の松花江、東の豆満江、西の鴨緑江の源であるが、松花江、鴨緑江は、地下水脈を流れて、唯一豆満江に長白瀑布から直接流れでているのである。水量も充分、雄大で堪能した。

瀑布散策のあと、もうひとつ「緑淵潭」を散策した。深い木々の間に緑色に染まったその池がある。すてきなところで、もう帰りたくない雰囲気だ。

でも、長白山をあとにして長白山空港に向けて出発した。新しい空港で、便数も超少なく、スーパー1軒以外には何もない。夕食用のお粥、ザーサイの缶詰などを買って北京行きの飛行機に乗り込んだ。6時発、8時半北京着の飛行機だった。北京では、定宿の建国飯店に宿泊した。

いよいよ最終日の20日（8日目）、6時には起きて朝食、7時40分出発、北京空港に向かう。北京観光の時間がないが、仕方がない。飛行機は、青島経由の関空行だ。青島までは中国国内便で、青島で出国手続きをすることになる。青島空港で乗客は、一旦完全に外に出され、再び一般乗客と同じように出国手続きをスタートするのである。乗る飛行機は同じなので、いやだいやだの声多々あるも、仕方がない。途中で迷子になった中国人親子を係員が捜索・発見後、飛行機は2時間（?）遅れで、青島空港を出発した。そして、関空にもどったのである。めでたし、めでたし…。

さて、14回と会を重ねた南京ツアー、来年は南京ののちどこへ行こうかとすでに空港ロビーで機内でと話が弾んだ。大勢は海南島に収斂されつつある。そして、はや私は海南島の勉強を始めているのである。

（むくげ通信242号、2010年9月）

25　南京・海南島・上海への旅
——神戸・南京をむすぶ会フィールドワーク２０１１夏

わたしがことしも中国にでかけたわけ

２０１１年夏、中国にでかけた。「神戸・南京をむすぶ会」の第15回訪中団のメンバーとして南京、海南島、上海を訪問した。南京３泊、海南島３泊、上海１泊の旅だ。ゆっくりとした日程とは言えないが、それぞれに充実した旅だった。

この「神戸・南京をむすぶ会」は、１９９７年に第１回、南京と淮南を訪問している。淮南は、パールバックの『大地』の舞台だ。メンバーが地平線まで続く大豆畑に感動して、長い間眺めていたら現地ガイドが、なにが面白いのかというような風に呆れていたことを思い出す。

「神戸・南京をむすぶ会」は、１９９６年ゴールデンウイークの期間に神戸王子ギャラリーで開催した「丸木位里・俊とニューヨークの中国人画家たちが描いた南京１９３７絵画展」がきっかけで生まれた。その絵画展のボランティアが一度は南京を訪問しようと、一回だけの旅行団として結成され、１９９７年8月に最初の訪中をしたのである。

それが今年も今年もと続き、２０１１年夏の訪中が15回目となったのである。毎年、南京大虐殺の現場南京ともう1カ所、日本軍が侵略した場所を訪問することにしている。この間の訪問先は、以下のとおりである。

98年、南京・撫順、99年、南京・太原・大同・北京、00年、南京・ハルビン、01年、南京・蘇州・杭州、02年、南京・重慶、03年はＳＡＲＳの関係で訪中できなかったが、04年、南京・大連・旅順、05年、南京・済南・青島、06年、南京・無錫・石家荘・天津、07年には8月に南京・武漢、そして同年12月には記念館リニューアルオープンにあわせての南京訪問、08年は、南京・瀋陽・長春、09年は南京・牡丹江・虎頭・虎林・昨年（10年）は、南京と延辺朝鮮族自治州を訪ね、有名な朝鮮の詩人・尹東柱の生家などを訪問した（延辺については24参照）。

■揚子江沿いの南京燕子磯の南京大虐殺記念碑で。（中国では「紀念」の漢字を使うことのほうが多い。南京の記念館の名称も「侵華日軍南京大虐殺遇難同胞紀念館」だ。本文では、基本的に固有名詞のときにはそのまま「紀念」を使用することにする）

毎年15～25名が参加する。一昨年からは大学生特別枠をもうけ、普通なら20万円程度かかる費用を特価5万円で参加できるようにしている。だいたいおじさん、おばさんが中心のツアーだが、大学生もそれなりになじんで参加してくれている。一般的に市民グループが主催するツアーは、時には最少催行人

■このような「報恩塔」が建てられていた

■（右）南京・前駐外使節九烈士墓

数に満たなくて苦労することがあるようだが、このツアーは常連ないし複数回参加のメンバーが半数ほどいて、これまで成立しなかったことがない。南京以外のもう一カ所について、「来年は＊＊＊へ行きたい」という話が早くも報告集会ぐらいから話題となり、新年会で決定するというパターンがつづいている。この「もう一カ所」がツアー継続の理由のようだ。

南京では1回目からの「神戸・南京をむすぶ会」専属ガイド・戴國偉さんがいて、毎回周到な準備をしてくれる。毎回新しい参加者がいるので定番といわれている南京大虐殺の大量虐殺現場は必ず訪問するが、それ以外に新しい場所を探してくれている。これまで南京神社の場所を探し当ててくれたり、A級戦犯・谷寿夫を裁いた旧法廷のあるホテルに宿泊予約を入れておいてくれたり、草に埋もれた記念碑を探し出してくれたりした。2008年には、従軍看護婦として1944年から2年間南京で働き、遠足のときに人骨を多く見つけてそのことを長く心にしまっていた上田政子さんが参加することを告げると、事前に日本軍の旧南京陸軍病院の調査をして訪問のときに現地を案内してくれたこともある。上田さんには62年ぶりの南京訪問で、その遠足の現場は確認できなかったが、当時の陸軍病院跡などを感慨深く訪問された。また、戴さんと知り合って何年かしてから祖父が日本人に殺害されたことをうかがって、私たちが大きなショックを受けたこともあった。

今年は、前駐外使節九烈士墓に案内してくださった。1942年、フィリピン・マニラで日本に抵抗した中国領事が殺害される事件が起きたがその犠牲者が祀られているのである。しかし、そこには日本の占領時代に「報恩塔」が建てられていたのである。

南京プラスもう一カ所の全体的な運営は北京の中国国際友誼促進会が一回目の依頼を担当してくれているが、促進会の日本語担当の徐明岳さんはこの15回、ずっとお世話になっている。

中国と朝鮮

わたしにとってこのツアーの副産物は、中国内の大韓民国臨時政府を回ることができたことだ。もちろん中国と朝鮮は関係が深い。ツアコン役のわたしは臨時政府があるところを訪問したときには必ずそこも訪れるようにした。役得である。上海、重慶の臨時政府跡を訪問した。

1932年4月29日、朝鮮の独立運動家・尹奉吉が爆弾を投げつけ、上海派遣軍司令官白川義則大将が死亡、重光葵公使は片脚を失い、野村吉三郎中将は片眼を失った。場所は、上海の虹口公園（現在の魯迅公園）である。現在では、韓国の有力者が記念館を作っており、わたしたちが訪問した時にはそこで朝鮮族の女性が朝鮮語で解説をしていた。韓国人の観光客も増えているとのことだ。昨年のツアーでは、延辺朝鮮族自治州で尹東柱関連の施設を訪問したのも本通信で報告したとおりである（本書24参照）。

ことしの南京ともう一カ所の訪問は、海南島だった。海南島は中国の南部にあり、ベトナムに近い。大きさは、九州ほどある。わたしの以前のイメージでは済州島ぐらいで、3日もあれば充分だろうと考えていたが、そうではなかった。事前に、海南島近現代史研究会の佐藤正人さん、金静美さんにうかがうと全島の日本軍関連史跡を3日間で回るのは不可能だとのことだ。海南島には、北部に海口空港、南部に三亜空港がある。日程の関係で南部の三亜空港に入ってその付近の史跡だけを訪問する計画であったが、初めての海南島、二度と来れないのではないか、ということで欲張って、海口に入り、海南島の東部を回って三亜に向かうことにした。

資源略奪&インドシナ半島を侵略する拠点として

日本軍が占領していた海南島は、現在リゾート地として知られている。ホームページにも次のようなキャッチコピーがある。

「中国の最南端、ベトナムの東に浮かぶ海南島（日本の九州とほぼ同面積）は、昔から、〝海上の真珠〟と呼ばれ中国唯一の熱帯のリゾートアイランドとして近年脚光を浴びている人気スポットです。

1988年広東省から分離、独立し中国31番目の省、海南省となり、ハワイ諸島とほぼ同緯度にあることから、観光経済特区に指定されて以来、国際級リゾートホテルなどのインフラも整備され、ハワイを凌ぐ世界のリゾート地として熱い期待が寄せられています」

4日目の8月15日（月）朝、侵華日軍南京大虐殺遇難同胞紀念館での追悼集会、幸存者の証言集会、記念館の参観ののち飛行機で海南島・海口空港に向かった。今夏のメンバーは、南京だけを訪問する短期コース4名、フルコース15名、それに海南島のみ参加の1名だった。内大学生特別枠は2名。

海口に着いたのは午後7時45分。南国の海南島は暑いものと覚悟していたが、それほどでもない。中国の三大熱釜（ちなみにあと二つは、重慶と武漢）といわれる南京に比べたら快適だ。ホテルの瓊島泰得大酒店に着いたのは午後9時。翌日早朝からの行動にそなえて静かに？休むことになる。

■瓊海市南渡江老鉄橋。日本軍が海南島収奪のために建設した鉄道の鉄橋。2006年の台風で一部崩落、そのままになっている。絵は、メンバーの阪上史子さん

南渡江老鉄橋から「五百人碑」、旧震洋基地へ

翌16日（火）朝8時に貸切バスで出発。中国国際友誼促進会の徐明岳さんの他に海南海外聯誼会陳華常務理事と現地旅行社ガイド（通訳）の姚剛さんと出発。みんな親切でわたしたちのためによく働いてくれる。

まず瓊海市の南渡江老鉄橋を訪ねる。日本軍が海南島収奪のために建設した鉄道の鉄橋の一部が残されている。さらに南下して11時前に「五百人碑」に到着し

■猴島（猿島）の震洋基地跡。
宮内団長が奥に進んでいきます

■観光船で猿島に渡ります

た。海南島支配を目論む日本軍の共産ゲリラ掃討、包囲作戦により大勢の村人が殺害された記念碑だ。場所は、瓊海市博望鎮北岸村。幸存者・何君范さんが石碑まで来てくださり、猛暑の中、証言してくださった。何さんの顔には日本軍に切りつけられた傷が今も生々しく残っている。家族が殺害され彼だけが生き残ったという。通訳の姚剛さんは、自身が聞いたこともない残酷な話に言葉を失い、一時通訳不能になってしまった。その空白の部分は、わたしたちが想像するほかない。

その後、海軍佐世保鎮守府第8特別陸戦隊司令部があった建物に。現在は跡嘉積中学。校長先生が対応してくださった。

昼食後、さらに南下して猴島（猿島）に向かった。そこには海軍特攻艇「震洋」の格納庫にされた洞窟が残っている。島には船で渡る。有名な観光地であるらしい。遊覧車に分乗して、風光明媚な海岸線を走ると、その洞窟があった。震洋は、特攻用のモーターボートで、ベニヤ板でできているものだったという。爆弾をつけて片道のガソリンを積んでボートごと敵につっこむというのである。ここで訓練をさせられていた日本の若者に思いを馳せる。洞窟建設には

■東方市八所港日軍侵瓊死難労工記念碑

■猿島は美しい観光地、大学生枠で参加の大和君

朝鮮人労働者も動員されたという。

海南島は北部が亜熱帯、南部が熱帯だ。亜熱帯から熱帯への長いバスの旅だった。夕食をすませて、三亜のホテル・新豪海鮮酒楼三亜宝宏大酒店に着いたのは午後8時だった。そこは海岸べりのステキなホテルでプールもある。ホテルの窓からの景色は、まさにハワイだ。さすが中国で売り出し中の大リゾートである。

八所港、監獄跡も残っていました

17日（水）、海南島の3日目である。早朝にフィールドワークに出発だ。天気は曇り。海南島ガイドの姚剛さんに言わせると、曇りというのは海南島ではいい天気だそうだ。なにしろ熱帯なのでカンカン照りの好天より雲が出ているほうが快適で過ごしやすいという。

車で約3時間、東にバスを走らせて東方市八所港日軍侵瓊死難労工記念碑を訪ねた。１９６４年に建てられたものである。海南島の日本軍により土木工事は中国人、朝鮮人、連合国軍捕虜を動員して行われた。この八所でも多くの犠牲者を出しており、「万人坑」の跡地にその記念碑が立っている。築港工事に2万3千人以上の労働者が使

■現在の八所港です

■監獄跡

われ、工事が終わった時、生き残っていたのはわずか1960人余りだったとのこと。

八所の港は、当時、石碌鉱山の鉄鉱石を日本に運び出すためのもので、日本軍、西松組、日本窒素が、鉱山から海岸まで約50キロの鉄道と港を作ったのである。

次のような証言がある。

「日本軍は村人の家をこわし、その材料で近くの高台に兵舎をつくった。その高台の下にある労働者の宿舎を日本兵が監視していた。宿舎のそばに物品を売る配給所があった。台湾人、朝鮮人、上海から来た人など、たくさんの人が働いていた。宿舎は別々で、配給所も、朝鮮人の配給所、インド人の配給所など別々になっていた。反抗した労働者は、兵舎近くの土の穴に入れられた」（林亜政さん、1924年生まれ、紀州鉱山の真実を明らかにする会制作『写真集・日本の海南島侵略と抗日反日闘争』2007・2、文献A）。

碑の横に「教育基地」として、当時の監獄が残されていた。小さな窓があるだけの部屋が、いくつか残されていた。教育基地として保全すると掲示されていたが、再開発が進んでいる地域でもあり、この監獄跡も開発推進グループからは邪魔な建物と見られている。

石原産業・八幡製鉄所・「朝鮮村」

18日（木）、田独にでかけた。田独では、石原産業が日本海軍とともに1939年2月の海南島占領直後から資源調査を始め、1940年7月から田独鉱山の鉱石を八幡製鉄所に送った。

「石原産業は、1934年7月に三重県の紀州鉱山（銅鉱山）を開設し、1939年からそこで1000人を越える朝鮮人を朝鮮から強制連行し働かせた」（紀州鉱山の歴史を明らかにする会制作『写真集・日本の海南島侵略と抗日反日闘争』2007・2＝文献A）が、紀州鉱山の真実を明らかにする会がそこから同じ石原産業が海南島でも朝鮮人を強制労働させていたことを突き止め、調査・研究を継続して多くの成果を残している。今回の海南島フィールドワークでは、同会およびその会が母体となって作られた海南島近現代史研究会の研究成果に多くをおっている。田独の採掘、鉄道工事などに海南島の人々だけでなく、中国本土、香港、台湾、朝鮮から連行された人々が動員された。

田独には1948年4月に地域の労働者によって建てられた「日寇時期受迫害死亡工友紀念碑」と海南省人民政府と三亜市人民政府が建てた大きな碑「田独万人坑死難坑砿工紀念碑」があった。後者の碑には「朝鮮、印度、台湾、香港、及び海南省各市県から連行されてきた労働者がここで虐待され、労働させられて死んだ」と刻まれている。

田独の記念碑から次に「朝鮮村」に向かった。このあたりからほんとうの土砂降りの雨となった。

一般的なコースの道路が水没し、通ることができなくなったので遠まわりして朝鮮村に向かった。

ここは、黎族《りぞく》の村で、現在の地名は「三亜市吉陽鎮南丁村委会三羅村」。朝鮮村というのは行政的な名前ではない。当時この地に連行された朝鮮人1000名が殺害されたことを悼んでそのように呼んだとのことだ。

■「田独万人坑死難坑砿工紀念碑」

■「日寇時期受迫害朝鮮同胞死亡追慕碑」

この事実を知った海南島東方市で農場経営をしている韓国人・徐在弘氏が1999年9月1日に朝鮮語と中国語の2つの石碑「日寇時期受迫害朝鮮同胞死亡追慕碑」を作った。それは、1998年8月31日に放映されたKBS（韓国文化放送）のドキュメンタリー「海南島に埋められた朝鮮人の魂」（金五重監督）を見たことから建立したものだ。このテレビドキュメンタリーの取材時に虐殺現場の一部を発掘し、7体の遺骨を見つけている。その後、取材班は祭祀を行って遺骨を埋め戻している（紀州鉱山の真実を明らかにする会『海南島で日本は何をしたのか―虐殺・略奪・性奴隷化、抗日反日闘争』2005・5＝文献B）。
石碑のあるのは「南丁千人坑」がある所だ。三亜市茘枝溝鎮人民政府が2005年1月8日付で、朝鮮村の千人坑について、「1942年、日本の侵略者は朝鮮および各地から1250人あまりの無辜の青年（その80%朝鮮人）をむりやり連れてきて、道路をつくらせ、燃料を運搬させ、殴打し、飢えさせ、全員を苦しめ、死亡させ、10人あるいは100人ごとにひとつの穴に入れて荒地に集中的に埋めた」と発表している。

また黎族の符亜輪さん（1916年に朝鮮村近くの黎族の村に生まれ、1945年ごろ朝鮮人といっしょに近くの道路建設作業をさせられた）は、紀州鉱山の真実を明らかにする会の調査に以下のように答えている。

■「朝鮮村」の石碑全景

「朝鮮人は竹で作ったかごを背負って土を運んだ。朝鮮人は、少ししか食べるものをもらえないので力がなかった。運ぶことができなければ、日本人に殴られた。
道路ができたあと、なんの理由もなく、朝鮮人をふたりずつ、木に吊るして殴った。日本人はいすに座って、朝鮮人に朝鮮人を殴らせて、見物していた。死ぬまで殴って、死んだ後、2、3人ずつ穴に埋めた。朝鮮人に穴を掘らせて、埋めさせた。箱に朝鮮人を入れて運ぶ。最初は、殺した朝鮮人に油をかけて焼いたが、あとは油がなくなって、そのまま埋めた。朝鮮人はとても多かった。みんな同じ服を着ていた。上着もズボンも青色で、ボタンは白かった。朝鮮人の家は、鉄条網で周りを囲み、日本人が見張っていた」（文献B、8頁）。

「朝鮮報国隊」と海南島

海南島には朝鮮から「朝鮮報国隊」が多く連行され多くの犠牲者をだしている。一般的に「南方派遣報国隊」と言われているものだが、海南島では「朝鮮報国隊」と言われている。

朝鮮報国隊は、海南島で飛行場・港湾・鉄道・道路建設、鉱山労働などに従事させられた。朝鮮総督府が1943年春から、獄中者を選んで組織し海南島に送りだした。田独鉱山でも、朝鮮村でも、八所港にも連行されたのである。香港から海南島に連行された馬霖さん（1916年生まれ）は、「三亜の中山路で『朝鮮報国隊』と縫いつけた青い服を着ている人たちを何度も見た。20人くらいで、道路の修理をしていた。『コラー』と日本の兵隊がどなっていた。わたしは『朝鮮報国隊』は朝鮮共産党の人たちだと思っていた」と証言している（文献A、94頁）。

1941年に治安維持法違反で3年の実刑判決を受け、1943年3月、朝鮮報国隊として海南島「朝鮮村」に連行され、生還した柳濟敬さん（1917年生まれ）は、「何回か逃亡してつかまった人だった。その人をみなが見る前で、看守が縛って、逆さに天井に引っ張りあげてぶらさげた。／ほんの何分かで死んだ。みなが見ましたよ。引っ張りあげた人間は、看守部長だった。名前は貴島。性格があらくてね。恐怖感を与える。／殺された人の名は、金老麻」と語っている（文献B、96頁）。

18日は朝鮮村のフィールドワークを終えたのち、最後の目的地・上海に向かった。

そして、上海

翌19日（金）は、魯迅記念館、魯迅故居、そして外灘を初めて対岸の一般的には立ち入れない場所から見学して、上海浦東国際空港、そして関空に戻ってきた。

■上海・魯迅故居で。魯迅はここで亡くなった

魯迅記念館は、改装中で、魯迅の作品のいくつかをパネル展示しているだけだったが、それがよかった。大いに刺激をうけ、帰国後、ブックオフで魯迅関連の本を6冊も購入した。ただし1850円。高橋和巳が魯迅の翻訳をしていることも恥ずかしながら初めて知った。夜な夜な読書に励んでいる？今日この頃である。来年は、どこに行こうか……。

①神戸・南京をむすぶ会『南京・海南島フィールドワークノート2011・8』A4、84頁、560円、②同会編『南京・延吉・「尹東柱」・龍井・白頭山フィールドワークの記録2010・8』A4、64頁、500円、③『南京・海南島フィールドワークの記録2011・9』A4、54頁、480円が発売中です。希望者は送料80円を加えた金額を切手でをむくげの会までお送りください。

（むくげ通信248号2011年10月）

26 ソウル漢江・サイクリング（2012年）

むくげの会全州合宿の最終日、国会議事堂のある汝矣島《ヨイド》にでかけた。サイクリングをしたかったのだ。ヨイドに行けばレンタサイクルがあるだろうと考えたのである。

地下鉄では、自転車をそのまま持ち込んでいるおじさんと出会った。噂に聞いていたがソウルの地下鉄は、そのまま持ち込めるのだ。

ヨイド公園に着いてキョロキョロしたら…、あった!!

いろんな自転車がある。二人乗り用もある。私は、ひとりなので、それは借りなかった。

私が借りたのはＭＴＢ（マウンテンバイク）。韓国にはママチャリはほとんどなく、自転車といえばＭＴＢだ。いちおう14段切り替えだが、それほどスムーズではない。1時間３０００ウォン、二人用だと６０００ウォンだ。わかり（?）やすい。

ロッカーの鍵も無料で貸してくれた。自転車のチェーン式鍵も頼んだら貸してくれた（持参するようにと紹介するブログもあったが…）。

隣には、インラインスケート（ローラースケートの進化系）のレンタルショップもあった。ヨイド

■永登浦市場。にぎやかです

■地下鉄・永登浦市場駅

広場をこれで走っても気持ちがいいと思う。今回は、パスだ…。

ヨイドの自転車専用道は立派だ。一方通行になっていた。その横には、歩行者・ランニング専用道路もついている。さっそくヨイドをぐるぐると回った。

ヨイドからそのまま自転車で漢江に行った。すぐだ。

そこにもレンタサイクルがある。こちらの自転車のほうが上等そうだ。今度はここで借りよう。料金も同じだ

漢江サイクリングロードも素晴らしい。自転車センターがあるというので行ってみた。が、コンビニがあるだけだ。どうなっているのかなと思っていたら、中年のサイクリング夫婦が入ってきた。何か買っている。

「サイクリングパスポート」だ。３０００ウォン、韓国のパスポートと同じグリーンだ。大きさも同じ。今度は空港で使ってみよう?!　完全防水のケース付きだ。

そのパスポート、なんと、４大河川サイクリングロードのパスポートなのだ。そして、なんと、金浦から釜山まで６３３キロ、漢江、洛東江経由で行けるとある。心は躍る…。

■その場で豚肉を切って、
ゆがいてくれます。

■目があいました…。このアジュマです

今回は、漢江の入口をウロウロするだけ。だが、そのスタンプラリーの最初のスタンプを、購入したコンビニで押してもらった。

漢江にはたくさん人がでている。散歩、サイクリング、ランニング、サックス…。いま、韓国ではサックスが流行しているらしい。オカリナ吹きには出会わなかった…。

漢江サイクリングに大満足して、金浦空港に向かうことにした。が、まだ時間がある。自転車を返して、永登浦市場に行った。日曜日だが、あいている店がたくさんあった。

ウロウロして、豚さんに挨拶していると、そこのアジュマにつかまってしまった。店に入った。　葉っぱを欲しいというと、隣の店に買いにいってくれた。

全州でのフィールドワーク、漢江サイクリング、最高に充実したむくげ合宿でした。来年は、釜山集合で対馬に行こうと誰かが？言っている。研究してみると大阪から結構安い対馬ツアーがでています。対馬説はあえなく否定された。

次なる説は、かつて学生センター「祭りツアー」でいまだに「最高の祭り！」の呼び声が高い、「江陵端午祭」です。寒いからと

■とてもボリュームがあります

だんだん季節がずれているむくげ新春合宿。端午の季節でもなんら問題がないはずです…。

（むくげ通信252号、2012年5月）

27　むくげの会　釜山・慶州合宿レポート（2013・4・19〜21）

むくげの会には、「新春合宿」がある。むくげ略年表 http://ksyc.jp/mukuge/ によると１９８７年１月が第１回で、91年まで六甲山Ｋ宅で開いている。会員が新年会を開き、そこで前年を振り返り新年の抱負を語るというものだ。時々の通信にその抱負が記録されているが、どういう訳か毎年同じ抱負を語るメンバーも多い。私も反省！

その後は、１９９２年六甲山凌雲荘、93年須磨荘、94年篠山新たんば荘、95年淡路島、96年六甲ＹＭＣＡ、97年フルーツフラワーパーク、98年赤穂、99年鳴門、２０００年城崎、01年宮津、02年和歌山湯浅、03年京都嵐山、04年淡路島、05年滋賀長浜と続いている。１９９５年は合宿の翌日に阪神淡路大震災が起こったのが今も語り草となっている。02年ごろから会員以外もこの合宿に加わるようになっている。06年には初めて韓国の釜山、07年にはソウルＡ宅で開催した。メインの行事は全体での新年会と反省・抱負の会だが、だんだんその会が、加齢による酔いのためか、成立しなくなったような気がする。

２００８年奈良、09年四国善通寺と国内合宿が続き、いよいよ（?）２０１０年から合宿といえば韓国となった。２０１０年済州島、11年釜山・浦項、12年全州、そして今年、釜山・慶州となったのである。時期も、寒い正月からだんだんと後ろ倒しして、新春とは言えない時期にするようになっている。まえがきが長くなってしまった。恐縮、恐縮…。

今回は、釜山&慶州。基本日程は、４月19日（金）～21日（日）の２泊３日、更にその基本は19日の夜の懇親会と20日のバスをチャーターしてのフィールドワークだ。飛行機、ホテルは各自が手配することとし、19日夜18：00釜山アリランホテルロビー集合だ。メンバーは、都合で参加できなかった山下さんをのぞく会員８名と会友８名の計16名だ。全員、無事時間通りに集合した。そしてチャガルチ市場へ出かける。おいしい魚料理をお腹いっぱい食べ、飲んだ。が、しくじった。釜山の友人お薦めの店に予約して行った。店のすすめるままに料理を注文したが、めっちゃ高かったのだ。ぼられたのだ。全員ブーイング。少々値切ったがその額はたいしたことはない。後日釜山の友人に確認してもらったが、天然ものの高い魚を食べたのでしかたがないとのことだった。紹介があったのでそんな事にはならないと安易に考えていたのが失敗だった。久しぶりに授業料を払わされた……。

そして、解散。更にカラオケに行くもの、喫茶店に行くもの、ホテルへ直行するものなどなど。私は、自重してそのままアリランホテルにもどり、近所でちょっと一杯やって翌日にそなえた。

20日（土） ９：00同じくホテルロビーに集合、そして出発だ。釜山外国語大学日本語科の学生10名も合流してくれて、にぎやかなフィールドワークとなった。同大学の李守鏡先生も付き合ってくださった。今回のフィールドワークは寺岡さんが周到に釜山・慶州の倭城を中心としたガイドブック

（総天然色Ａ４、18頁）を作ってくれた。それで学生センターで新しい参加者の顔合わせも兼ねて事前学習の例会ももった。そこではサブ案内人・足立さんのレポートも提出された。

飛田ツアコン、寺岡ガイドのコンビによるフィールドワークは、快調に滑り出した。まずは機張。港があり、倭城がある。港見物をしてから、雨降るなかを倭城に登る。あそこが城壁跡だといわれても、よく分からないが見学した。

またバスに乗り込む。雨が激しくなる。次は古里原子力発電所だ。結構古くて問題になっているところだ。立派な博物館のトイレをお借りして出発。

■西生浦倭城に登る

次は、西生浦倭城。ここは、誰にでも分かる城跡が残っている。このあたりには倭城を中心としてハイキングコースがいくつかあった。次回には、ハイキングをしたいものだ。

次は、蔚山倭城。ここはきれいな公園として整備されている。「三の丸」などがあるが、韓国の人にはなんのことか分からないだろうな…。ここでもトラブル。道に迷いバスを発見できないのだ。小高い公園の反対側にでてしまったようだ。でもなんとか、バスに出会え、乗り込む。

バスは更に進み、月城原発を横目に見ながら慶州に入る。まずは文武王海中陵。新羅の王様（在位６６１～６８０）。ここで少し遅い昼ごはんは、陽気な運転手さんお薦めの甘浦漁港の料理屋さんへ。安かった、うまかった。

慶州では、一般的な観光地にはひとつも立ち寄らなかった。寺岡さんお薦めの感恩寺に行く。さらに一カ所、深田さん関連の石人像のある掛陵（元聖王陵）を訪ねた。石人も動物もあった。武人像がカッコよかった。

夜17：30ホテル帰着、そしてメイン宴会の予定だったが、だいぶ遅くなった。8時ごろだっただろうか。直接、宴会場に行った。ここで釜山外大教授のむくげの会と30数年来の友人である林オンギュさんが待っていてくれた。サムギョプサルなどなど、食べ、飲み、しゃべり、飲み。楽しい時間だった。学生たちとは涙涙のあいさつをかわした。そして?、一部は、学生たちとカラオケへ……。そして充実した一日は終わり、合宿の基本日程は終了した。

翌21日（日）は、各自自由行動。足立さんおすすめの釜山フリータイムメモにしたがって、みんな釜山市立博物館、朝鮮通信使資料館、臨時首都記念館、禹長春記念館、梵魚寺、通度寺などを訪問した。慶州は初めてという信長さんグループの会友4名は、翌日、仏国寺など慶州の名所を別途訪問した。

私は、サイクリングだ。洛東江サイクリングロードを走ることにした。以前、ソウルで漢江を走ってから洛東江を走りたかったのだ。

地下鉄で下端までいき、そこから徒歩で洛東江サイクリングロードの出発点まで行った。レンタサイクルを借りて、洛東江をさかのぼった。372キロ走ると安東ダムまで行けるとある。全650キロを走るとソウルまで行けるのである。こんなステキなサイクリングロードをソウルまで走りたい。いや、走ってやるぞ…、などと夢想しながら快晴のなか40キロほど走った。また、サイクリング事務所で、新しいサイクリングパスポートもゲットした。東海岸サイクリングロードはまだですが、できるようです。済州島一周は整備中とのことです。

4月22日（月）、夕方の飛行機で帰る私は、更にウロウロした。以前韓国外換銀行に預けていた預金を解約した。かつての韓国の定期の金利は6％ほどあり、その分で友人と飲んだりしていた。今回、円安のこの時期に解約しようとしたのだ。これがおもしろかった。解約にあたって韓国に長期滞在したことがないことを証明すれば利息に高い（?）税金をとられないという。そして入管事務所に行った。そこで手数料1000ウォンを払うと、私の韓国出入国記録のコピーがもらえるのである。コンピュータ化された1980年1月1日以降がOKとのことだ。これをもらってまた銀行に行き首尾よく通帳を解約した。よく行っているものだ。完璧に管理されているのが怖い気もするが、仕方ないだろう。

（むくげ通信258号、2013年5月）

■感恩寺

28 またまた行ってきました　済州島一周サイクリング（2014年）

■サウスポー自転車？と私

私のサイクリング熱は続いている。新年早々には仲間と加古川自転車専用道を走った。輪行でJR加古川駅に集合し、加古川を北上し、権現湖、平荘湖を走ったのだ。最年長のわれらがレジェンドKさんもいっしょだった。91歳だ。元気だった。

そもそも自転車を始めたのは済州島一周サイクリングのため。２００6年9月、済州島で開催された日本軍の遺跡フィールドワークで、在日の友人から済州島一周サイクリングのことを聞いた。これは行くしかないと、帰国後クロスバイクを購入した。ママチャリと違い走り易い。スピードもでる。坂道も結構のぼれる。そして翌年の済州島一周サイクリングに連れて行ってもらった。

更にその翌年にもう一回参加。そして今回である。過去2回は自転車を持参したが、今回は現地でレンタサイクル。メンバー11名のうち2名が持参派、残りはレンタサイクル派だった。

10月11日（2014年）、先発組と済州空港で合流した。時あたかも大型台風が到来、こんな時にサイクリング？とみなに言われた。がしかし、4日間、雨には降られたが奇跡的に完遂した。台風の追い風を受けてスイスイと走ることもあったのである。

まずは、空港近くのレンタサイクルショップへ。結構大きな店だ。思い思いに自転車を選び、時計と反対回りに走り出す。と、私の自転車のブレーキがおかしい。よく見ると左右が反対だ。左をにぎると前車輪のブレーキがきく。少し怖い。他の人に聞いてみるとあと2台同じのがあった。韓国では、サウスポー用の自転車があるのか？　よく分からないがまあいいだろうと再スタート。

初日11日、足慣らしで40キロほど。途中風光明媚な遮帰島の見えるレストランで昼食。そして、翰林海水浴場近くのモーテルで宴会、宿泊。

2日目（12日）、南の西帰浦を目指した。道は起伏が少なく

■遮帰島、台風はどこへ行ったといういい天気

信号もほとんどなく快適だ。途中日本軍が作った飛行場跡、4・3事件関係の史跡にも立ち寄った。山房山にも少しお参りした。チャングムのロケ地にも立ち寄った。中文リゾートを横目にみて西帰浦に入り、天地淵瀑布を観光してからモーテルへ。約70キロ。そしてまた宴会、宿泊。

3日目（13日）、この日の目的地は城山日出峰だ。海岸沿いに自転車専用道路も整備されてルンルンコースだが、リーダーの白珠相さんから新提案。トラックをチャーターして自転車を山に運び上げてもらい、人間はバスで移動して一気に日出峰めがけてダウンヒルしようとのこと。みんな異議なしでバスに乗り込む。標高800Mあたりから、スタートした。下りは楽チンである。こんなサイクリングならなんぼでも走れる。日出峰ではいつもの「城山タッペギ」ホテルへ。以前、済州市でのシンポジウムののちタクシーをチャーターして日出峰にきたとき運転手が紹介してくれた海産チゲのおいしい店だ。料理を堪能、日出峰の景色も満喫して、宴会、カラオケ、そして就寝。

さて**4日目（14日）**、最終日だ。やはり日出峰山頂から日の出を拝まなければならない。二日酔いの人も山に登った。まだ台風の雰囲気だがおおぜいの人が登っている。太陽は見えないかとあきらめていたら、だいぶして少し顔を見せてくれた。それでよしとしよう。

■チャングムの舞台にもなったウェドルゲ

最終日のサイクリングは、まずフェリーに乗って牛島にわたる。一周10キロほど。紅一点Uさんが行方不明になって探したがいない。フェリー乗り場に戻ってみるとすでに到着していた。一周せずに途中で引き返した私たちをどこかで追い抜いて完全一周していたのだ。再びフェリーで戻ってきたらここでスコール。パンクの自転車もでてくる。もう充分走ったからと自転車をパンクの修理をする人に提供してバスに乗り込むメンバーも。

済州市街が近づくと坂が多くなり自転車ごとチャーターバスに乗り込むメンバーもでてくる。まあいろいろあったが目標の午後5時には済州空港に到着した。そこでまた祝杯、そして搭乗、またビール……。

実に充実した済州島一周サイクリングだった。リーダーの白珠相さん、みなさん、ありがとうございました。

（むくげ通信268号、2015年1月）

29　クルーズで釜山に行ってきました（2015年）

２０１５年６月24～28日、５日間のダイアモンドプリンセスによる釜山クルーズに行ってきた。コースは、外洋コースで瀬戸内海を通らなかった（残念！）。神戸港を午後３時に出港し、釜山には翌々日の朝７時に到着した。初めてのクルーズだが、私の自転車の先輩で家具職人、センターケーキ教室の先生でもある林榮太郎さんの勧めで申し込んだ。林さんは、昨年は沖縄台湾コース、今年は北海道サハリンコースに乗船した。一度乗ってみたかった私は、一番近くて安い釜山コースを選んで連れ合いと参加した。

なにしろデカイ。イギリス船籍、11・６万トン、全長２８８メートル、全幅37メートル、乗客定員３１００名（今回は２７００名）、乗員定数１０６０名。18階建てで、４階部分が水面だ。私は11階の部屋だった。客室の廊下も２５０メートルぐらい（?）あり、船を一周したら、そこそこのワーキングもできる。なにより４泊、同じ部屋に泊まるのが楽でいい。以前、関釜フェリーで船が揺れ大変な目にあったことがあるが、この船は揺れない。出航したのも分からないぐらいだった。

気になるのはそのお値段だが、船室によって７万９０００円から40万７０００円まである。私は、

11万2000円の部屋を申し込んだ。出発直前になって13万5000円部屋に追加料金なしで、ランクアップされた。マーズウイルス関連でキャンセルがでたのか？　早割5000円引きで申し込んだので10万7000円での乗船だ。朝昼晩は豪華食事、アルコールだけが有料なのは残念だが仕方ない。ルームサービスも可能だ。なぜかワインかシャンパン一本のみ持ち込み可で、もちろん持ち込んだ。

　船内には、カジノ、プール（3つ）、ギャラリー、風呂（これが有料！）、図書室、スポーツジム、映画館など。レストラン、バー、ラウンジは複数ある。イベントは、落語会、コンサート、映画会、健康セミナー、アウトレットセール、英語教室、日本語教室、ウクレレ教室、卓球トーナメント、ワインテイスト会、フラダンスセミナー、絵画オークション、風呂敷セミナー、カラオケ会、マジックショー、ダンスセミナー、ダンスパーティ、盆踊り会などなどたくさんある。毎日配られる船内新聞で翌日のイベントをチェックする。けっこういそがしい。ドレスコードのある夕食がひと晩あった。結婚式のような服装とあったが、自分が結婚する訳でもないので適当な服で参加した。

■釜山の街並み　福岡市のホームページ

　3日目の朝、釜山に着いて、さあ上陸だ。実は、神戸で乗船してすぐにパスポートが回収された。神戸に戻った時にお返しするとのこと。なら、パスポートなしで釜山上陸かと思っていたら、その通りだった。ダイアモンドプリンセスのカードがそのまま身分証明書になるという。入国手続きも簡単だ。考えてみると２７００人のお客が乗っているので、普通の入国手続きをしたら時間がかかりすぎるのだ。帰国後、パスポートをチェックしたら、韓国入国のスタンプもなかった。

釜山で行きたかったのは甘川文化村。行き方は、地下鉄1号線、土城《トソン》駅下車後、6番出口から出てすぐの交差点を右に曲がり、「釜山大学病院前」のマウルバス停留所でマウルバスの2、2-2、1-1に乗車。「甘川初等学校公営駐車場前」で下車、とある。が、私たちは、国際クルーズターミナルからシャトルバスで南浦洞まで行き、そこからタクシーに乗った。

福岡市のＨＰには、以下のようにある。

甘川文化村は、朝鮮戦争の際、各地から避難してきた人たちが家を構えてできた山腹の古いまちなみを、保存・再生しようと、まちの住民と芸術家、行政などが協力して、文化によるまちづくりを行った場所です。２００９年に「夢見る釜山のマチュピチュプロジェクト」として、道路脇に10点の造形作品を設置したことを皮切りに、２０１０年には「美路迷路（ミロミロ）プロジェクト」として6軒の空家に作品を展示して公開したり、まちを見学に来た人が道に迷わないように、家の壁に進路を示す矢印の絵を描いたりと、これまで様々なアートのプロジェクトが行われました。まちはアートを楽しみながら散策ができる楽しい観光地に生まれ変わり、多くの観光客が訪れています。

最初に韓紙屋さんに行った。紙でいろんなものを作っている。店員さんの創作だ。

そのあと、うろうろと歩いた。けっこうアップダウンがあるが、楽しい。展望台部屋は、窓以外はすべて絵だった。階段も絵で登れないのだ。うろうろし、写真をたくさん写し、市内で食事をし、夕方また船に戻った。自転車で飛び出した乗組員たちがどんどんと帰ってくるのを見るとうらやましかった…。

釜山出航のときはサムルノリ、女性バイオリニストの演奏があった。「情熱大陸」のテーマのような感じの曲だった。15階から見ているとあまりに小さくて見えないので、5階まで下りて行った。最後の最後まで演奏してくれ、係の人が手を振ってくれて感激の出航であった。

初日、婚活クルーズで参加という男性と親しくなった。5日間いろんな婚活プログラムがあり、釜山ではいっしょにキムチ作りもするという。その後下船までその男性と会えなかった。テレビ取材も入っていて、放映日が決まれば教えてくれるはずだが、まだ連絡がない。うまくいかなかったのかな？　祈成功！　来年も行こうかな？


（むくげ通信271号、2015年7月）

30 黄埔軍官学校と朝鮮人（2015年）
――神戸・南京をむすぶ会第19次訪中レポート

■2015.8.14 虐殺現場のひとつ燕子磯の記念碑前で。今年は解放70年で記念碑の化粧直しがおこなわれている。屋根の職人さんといっしょに記念写真

「神戸・南京をむすぶ会」はほぼ毎年、中国を訪問している。むすぶ会は、１９９６年に神戸市王子ギャラリーで開かれた「丸木位里・俊とニューヨークの画家たちが描いた南京１９３７絵画展」の実行委員会が中心となって、97年２月27日に結成された会だ。もともと実行委員会メンバーが一度は南京現地を訪問したいということでできた会で、まさか今日まで継続するとは予想していなかった。

毎年、南京以外にもう一カ所、日本軍が侵攻した場所を訪ねることにしている。訪問先は、97年、南京・淮南、98年、南京・撫順、99年、南京・太原・大同・北京、00年、南京・ハルビン、01年、南京・蘇州・杭

州、02年、南京・重慶、03年はＳＡＲＳの関係で訪中できなかったが、04年、南京・大連・旅順、05年、南京・済南・青島、06年、南京・無錫・石家荘・天津、07年には8月に南京・武漢、12月にも記念館リニューアルオープンの南京、08年は、南京・瀋陽・長春、09年は南京・牡丹江・虎頭・虎林、10年は南京・延辺朝鮮族自治州、11年は、南京・海南島、12年は南京・香港、13年は、南京・台湾、14年は南京・上海、そして今年は南京・広州を訪問した。05年以降は、「神戸・南京をむすぶ会」と兵庫在日外国人教育研究協議会の共催プログラムとして実施している。南京では、南京大虐殺の跡地をフィールドワークし、侵華日軍南京大虐殺遇難同胞紀念館での恒例の8・15集会に参加し、幸存者の証言を聞く。その他の訪問地でも、出来る限り事前に調査をして十分なフィールドワークができるように心がけている。

これまでむくげ通信に、朝鮮関連のところを訪問したときには、書かせていただいている。

(1)南京大虐殺の現場を訪ねる旅　１６４号（１９９７年9月28日──本書08）──本書13
(2)南京再訪　そして７３１＆安重根のハルビンへ　１８２号（２０００年9月24日）
(3)「南京大虐殺への道」を訪ねて　１８８号（２００１年9月30日──本書15）
(4)上海・南京・大連・旅順フィールドワーク　２０６号（２００４年9月26日）──本書18
(5)延吉に尹東柱の生家などを訪ねて　２４２号（２０１０年9月26日）──本書24
(6)南京・海南島・上海への旅─神戸・南京をむすぶ会フィールドワーク２０１１夏──２４８号（２０１１年10月2日）──本書25

2000年の「南京再訪」では、安重根の像が戦後取り壊されたと聞いて、不思議に思いながらハリビン駅のその現場らしきものを発見して喜んだ。が、それは安重根ではなくて伊藤博文の像だったことがわかり、生半可な事前情報に頼ってはいけないことを猛省したこともあった。

大韓帝国の臨時政府跡も上海、重慶と訪ねている（もう1カ所あったがどこか忘れてしまった）。

2015年夏は、南京4泊、広州3泊というスケジュールだった。南京4泊というのは比較的余裕のあるスケジュールで、これまで南京の時間が足りないという要望に応えたものだ。関空・南京の直行便の数が増えたのでそれが可能になったのである。上海に入国したのち南京に向かうことも多いが、その長所は本多勝一などが書いている南京大虐殺につながる『南京への道』を疑似追体験できるということだ。一方問題は、上海から南京まで時間がかかるということだ。今回は、南京に直行した。

スケジュールは、以下のとおりである。

⑴8月12日（水）16：30関西空港Gカウンター前集合、MU（中国東方航空）2860　18：30↓南京空港19：30（現地時間、時差1時間）　南京泊①

⑵13日（木）南京フィールドワーク①　南京泊②

⑶14日（金）南京フィールドワーク②　南京泊③

⑷15日（土）追悼式典　南京大屠殺記念館参観　南京フィールドワーク③、南京泊④

⑸16日（日）南京空港07：40↓MU2807、広州空港09：55、広州魯迅故居（工事中で入れず）、石馬桃花公園の「血涙酒黄華碑」（日本軍の空爆で被害）、黄埔軍官学校跡視察。広州泊①

(6)17日（月）広州郊外石頭村へ移動、「粤港難民之墓記念碑」視察、午後市内に戻り中山大学医学部旧図書館（華南防疫給水部本部跡）視察、広州泊②

(7)18日（火）午前中専用車にて中山市へ移動、午前中中国革命の父「孫文記念館」訪問、午後珠海市三竃村の「旧日本軍軍用基地」視察　広州泊③

(8)19日（水）広州空港07：30、FM（上海航空）9304便↓上海浦東空港09：50、同空港12：35、MU747便↓関空15：40

南京は、第1回より現地ガイドをしてくださっている戴國偉さんとの息がぴったり合っている。毎年新しいところを発掘し案内してくださる戴さんの事前調査能力に負うところが大きいが、リピーターも初めての参加者も大いに満足している。この旅は毎年15名から25名ぐらいが参加するが、そのうちリピーターが半分ぐらいとなっている。この種の歴史ツアーは（最近はダークツーリズムという言葉もある）最小催行人数に悩まされる主催者は多いが、このツアーに限ってはこのリピーターのおかげで主催者が成立するかとやきもきしたことがない。ちなみに、19回全部参加はツアコンの私だけだが、15回以上参加というメンバーが7、8人いる。訪中後はそのメンバーが中心になって来年は南京のあとどこへ行こうかと新年会などで相談するのだから、また来年も行くことになるのである。

旅にトラブルはつきものだが、南京ツアーにもときどきある。今年は、参加者のAさんが、再発行したパスポート番号ではなくて古いパスポート番号で中国国内線飛行機を予約したことから、広州に向かうときに南京空港で大ピンチになった。関空では問題がなかった。が、南京・広州の国内線ではダメだ、乗れないと言われた。パスポートは日本政府が発行するが、旅券事務所が都道府県にあるように都道府県が発行主体となる。したがって本籍を変更したら、パスポートも新しいのをつくらなければならないようだ。Ａさんは、それで新しいのを作ったのだ。リピーターのＡさんは旅行会社が以前のパスポート（有効期限はまだ残っていた）でチケットをとったのだ。国際線は、パスポート番号は不要だが、中国国内線は必要なのだ。おそらく、中国人は身分証明書の番号が必要だからであろうと思う。

南京空港は込み合っていてカウンター締め切り時間まであと15分というときのトラブルでほんとに困った。広州で待機の神戸華聯旅行社のＫさんに電話をする一方、ツアコンの私はＡさんの新しいチケット（高い、５２０００円もする）を買いに走った。そこはけっこう離れていた。走りながらＡさんのパスポートがないと買えないと思い至り、またもとの場所に戻った。最近、走るのはつらい。で、戻ると戴國偉さんのところに神戸華聯旅行社のＫさんから電話があった。パスポート番号が訂正され、ＯＫとなったとのことだ。よかった、うれしい。たまたまＫさんがホテルにいた時間帯でインターネットがつながっており、短時間でパスポート番号の変更が可能となったのである。

ウロウロ走りながら、Ａさんのチケットを買っても時間切れになれば、Ａさんと戴國偉さん（広州には団員として参加）に、次の飛行機で追いかけてきてもらおう、そしたらチケット代、なんぼかかるのだろうかなどと、思いめぐらしていた。ＯＫとなって、どっと力が抜けた（ツアコン的趣味？からトラブルのことを長々と書いてしまった）。

そして全員無事に広州空港に到着した。朝は早くて8時の飛行機に乗ったので10時に着いた。前日まで大雨だったとかで暑い。11時には広州フィールドワークに出発した。30分ほどで石馬桃花公園に着いた。日本軍が作ったと思われるトーチカ2基を見た。広州ガイドのSさんは、暑い中公園内を走り回ってトーチカを見つけてくれた。次に、「血涙洒黄華碑」を訪ねた。日本軍の空爆で一般市民も大きな被害を受けた所にある。全員で黙祷した。

昼食後、黄埔軍官学校跡地に向かった。広州は、広東料理の広東省にある。「食は広州にあり」の広州だ。広東料理はほんとうにおいしかった。そのためにもう一度広州に行きたいぐらいだ。

広州より南に車で2時間ぐらいのところに黄埔軍官学校跡がある。フリー百科事典『ウィキペディア（Wikipedia）』によると次のようにある。

■血涙洒黄華碑（日本軍空爆の碑）

黄埔軍官学校は中華民国大統領総統の孫文が1924年に広州に設立した中華民国陸軍の士官養成学校である。黄埔軍官学校の設立は孫文の主要な顧問となっていた、コミンテルンの工作員ミハイル・ボロディンの進言によるものであった。当時は第一次国共合作が行われていたため、中国国民党だけでなく、中国共産党の軍人も入校した。後、台湾の陸軍軍官学校として再建されている。黄埔は北京語ではホアンプー（Huangpu）、広東語でウォーンボウと読み、英語ではWhampoaとあてる。

黄埔軍官学校は、最新版の『地球の歩き方』にも紹介されているぐらいメジャー（？）だ。私はこの学校に朝鮮人が多く入学していることを聞いていたので一度は訪問したいと考えていた。水野直樹さんが、朝鮮民族運動史研究会の研究誌である『朝鮮民族運動史研究』6号、1989年12月に、「黄埔軍官学校と朝鮮人の民族解放運動」という論文を書かれている。この論文は、彼がニム・ウエルズ、キム・サン共著『アリランの唄』（岩波文庫版1987年）補注のために研究したものをベースに執筆されたものとのことだ。以下、特に出典を書かないものは水野論文からの引用である。

黄埔軍官学校に関する飛田の勘違いがあった。告白しておく。それは上海に黄浦があるが、その黄浦沿いに黄埔軍官学校があると思っていたのだ。上海にはむすぶ会で何回も訪問しているので、その上海の学校に一度は行ってみたいと思っていたのである。がそもそも「黄埔」と「黄浦」は漢字が違っている。勝手な思い込みであった。行こうと提案しなくてよかった。

黄埔軍官学校跡はそのまま残され博物館となっている。60歳以上は外国人も無料で、65歳になった私は「免費」で入場させてもらった。

学校の名称であるが、水野論文によると「陸軍軍官学校（のち中央軍事政治学校）は、広州近郊の黄埔に近い長洲島（珠江の中州）に設けられたため、一般には黄埔軍官学校の名前で知られる」と

■学生の宿舎

ある。

黄埔軍官学校は、１９２４年６月16日に「開学典礼」が開かれた（同年５月５日にはすでに第１期生が入校している）。翌１９２５年３月12日には設立者の孫文死去、５月30日には「５・30運動」（上海でデモに対して租界警察が発砲し、学生・労働者に13人の死者と40人余りの負傷者が出た、ウィキ）が起こるような情勢だったのである。

学校は１９２６年３月20日の広州で軍艦中山艦の回航をきっかけに、黄埔軍官学校長蒋介石が中国共産党員らの弾圧を開始した中山艦事件を契機に以降蒋介石が実権を掌握することになる。１９２７年４月12日に蒋介石が、上海で中国共産党を弾圧する「上海クーデター」を起こし、同月15日には広州でも反共クーデターが起こされる。そして、同年７月13日に共産党員が武漢政府より退去して国共合作が終わるのである。

朝鮮人の黄埔軍官学校入校にはいくつかのルートがあったようで、学校創設以前の時期から、李範奭、申圭植、金九、孫貞道、呂運亨、金元鳳（金若山）などが関係していたようだ。黄埔軍官学校の設立は、朝鮮の独立のためには武装闘争が不可欠であると考えていた独立運動家に大きな希望を与えるものであったのである。

金元鳳は義烈団のリーダーであったが、義烈団員が多く黄埔軍官学校に入校した。義烈団は、1920年代前半、日本要人や朝鮮総督府に対する暗殺・破壊などのテロ活動を行っていたが、1920年代半ばに方針転換を行ない、従来のテロ活動から本格的な軍事教育を受けて「民衆の一大武装闘争」の展開を目指すことになったのである。金元鳳については鹿嶋節子さんがむくげ通信103号（1987年7月）で「金元鳳と金九の合作」を書き、その後、金元鳳らが1938年10月に漢口で作った朝鮮義勇隊の機関誌『朝鮮義勇隊通訊』について、150号（1995年5月）から158号（1996年9月）を書いている（『朝鮮義勇隊通訊』を読む」は、むくげの会編著『新コリア百科』（2001年2月）にも収録されている）。

■ もうひとつの中庭

義烈団員の入校について日本の官憲資料に次のような記述がある。

「義烈団長金元鳳及広東在住不逞鮮人首領孫斗煥ハ広東政府首領蒋介石ニ接近シテ朝鮮革命ニ際シ軍務ニ服セシムル目的ヲ

以テ鮮人学生ヲ黄埔軍事政治学校ニ入学セシムヘク諒解ヲ求メ大正十四年夏頃ヨリ鮮人学生ヲ同地ニ招致シ第三期ヨリ毎期鮮人学生五名乃至二十数名を入学セシメ」（慶尚北道警察部『高等警察要史』復刻版、水野論文より）

1927年までに黄埔軍官学校のある広州にやってきた朝鮮人は800名以上に達したと言われている。黄埔軍官学校本校を卒業した朝鮮人は次の表のとおりである。金元鳳は9人目の崔林である。広州には他にも朝鮮人が集まっていたが、日本官憲資料に以下の記録もある。

「本年（1927年）五月ニ於ケル各学校又ハ兵営ニ在ル鮮人学生ハ

一、黄埔軍官学校　一四名
一、黄埔教導団　五六名
一、沙河兵営　一五名
一、魚珠学生軍（魚珠砲台守備）　三六名
一、深圳要塞　五一名
一、広州東山陸軍病院　二〇名
一、中山大学　五七名

合計二百二十九名ヲ算スルに至レリ」（『朝鮮の治安状況　昭和二年版』、水野論文より）

■表　黄埔軍校朝鮮人教官

姓　名	號	年齢	籍貫	通訊処	本名
[第三期歩兵科]					
車廷信	志一	23	朝鮮	廣東大学李晃転（航空）	金志一？
李　彬	情波	21	韓国咸鏡北道	吉林汪清県百草溝商埠地	
張聖哲	聖哲	25	韓国	廣東大学李晃転（航空）	
劉鐵仙	滄波	23	朝鮮韓城	黒龍江満州里	
[第四期歩兵科]					
姜平國	蒼海	25	韓国	北京西安門内茅屋胡同七號	
柳遠郁	春海	21	韓国	北京西安門内茅屋胡同七號趙潤交	
朴孝三	海雲	21	韓国	咸鏡南道咸興郡咸興面中荷里九十號	
朴建雄		20	韓国	奉天興京県旺清門	
崔　林		26	韓国	慶尚南道密陽郡城内	金元鳳
楊　倹		24	韓国	慶尚南道密陽郡密陽面内一洞	姜人寿？
田義昌		20	韓国北平	北京東城北新橋梯子胡同十六號	
李愚慤		23	韓国	奉天柳河三源浦　東明学校	
権　晙	武山	27	韓国	江蘇釜沫徑西市 508 號彭宅転	権重煥
李集中	松峯	27	韓国全羅北道全州郡	上海法界望志路北永吉里 222 號	李仁洪
王子良	丹坡	26	韓国	慶南山清郡丹城面城内里	
尹義進		21	韓国京城	上海法界望志路南永吉路二十八號交	
崔泳澤		20	韓国京城	吉林省哈爾濱道外南六道街路西八號	
金　鐘	石園	26	朝鮮	廣東大学校姜世宇転交	金容宰
李鐘元		24	韓国	上海古抜路吉祥里	
盧一龍		21	韓国未詳		盧乙龍？
李箕煥	義木	24	韓国開城	廣東大学文科崔圓転	
[第四期砲科]					
呉世振	槿虎	24	韓国	奉天興京県旺清門	
[第四期工科]					
金洪黙		23	朝鮮	韓城授恩洞五番地転交	
[第四期政治科]					
白　紅		23	韓国	南京管家橋太平巷二號車利錫交	
労世芳	金森	23	韓国平壌	廣東廣州国立廣東大学校	
林益済		25	韓国	廣州大沙頭航空学校劉鐵仙転	
文善在		24	韓国	黒龍江通河県松江医院	
盧　建		20	朝鮮	平安道定州郡内輔仁病院	盧英熙
[第五期歩科]					
申　岳	籟湖	30	韓国	京畿道楊平郡江下面全寿里	
安維才	志成	20	朝鮮	北京宣外大教場六條一號趙士煒転	
張　翼	強進	18	韓国	吉林省延吉県龍井村八 成商会転	
金浩元		20	韓国	奉天省通化県岡山二道溝大泉眼東奉盛交	
張　興	黒石	33	韓国	朝鮮楽城府三丁目	張基鎮

備考　(1)『中央陸軍軍官学校第五期同学録』民国 16 年、より
(2)「本名」は水野による
(3)水野直樹軍官学校論文 53 ページ

国民党が支配地域を拡げていくに従い、黄埔軍官学校は分校を設置したが、そこにも朝鮮人は入校した。分校は、1925年に潮州（広東州）、26年に南寧（広西省）、27年に長沙（湖南省）、および武漢（湖北省）に設置された。特に武漢分校には多くの朝鮮人が入校した。武漢分校は、1926年後半の北伐の進展によって、長江（揚子江）地域まで支配下に治めた国民党が、国民革命軍強化のために本校と同じ規模で設立したもので、黄埔軍官学校分校としては最大であった。しかも、蔣介石ら国民党右派と対立していた左派は、中国共産党と協力して武漢国民政府を樹立したため、武漢分校も国民党左派と共産党の合作によって運営されることになった。

1926年11月、武漢分校設立のための委員会が成立したが、主席は国民党左派の鄭演達、委員には周恩来、郭沫若ら共産党員もいた。1927年2月に開校された武漢分校には、主に長江流域から学生が募集されたが、台湾、朝鮮、琉球、ベトナムの学生も秘かに募集されたという。以下のような記述もある。

「武漢中央軍事政治学校の朝鮮族は、元来その大部分が北伐軍第四軍に編入された青年士兵たちであり、そのほかに、一九二七年四月蔣介石が叛変するや、広州黄埔軍官学校で学んでいた第五期生たちと、武漢、上海、南京、長沙などいくつかの学校で学んでいた知識青年たち、延辺龍井の大成中学校と東興中学を中退して関内にやってきていた朝鮮族知識青年たちだった。その数は当時二〇〇人近くになった」（『朝鮮族一〇〇年史話』第二輯、水野論文より）

黄埔軍官学校の教官を務めた朝鮮人もいた。下の表はその一覧である。

ここで俄文（ロシア語）教官と記されている呉聲輸は呉成崙のことで、義烈団に関わり１９２２年３月上海で田中義一暗殺を謀って逮捕されたが、脱獄し、モスクワの東方勤労者共産大学（クートヴェ）でロシア語を学び、１９２６年に広州に移って黄埔軍官学校のロシア語教官となったのである。武漢分校にも複数の朝鮮人教官がいたようである。

黄埔軍官学校は、その後国民党の首都となった南京に移り、国民革命軍軍事学校、中央陸軍軍官学校などと改称されて、現在の台湾まで引き継がれる。

水野論文は、「黄埔軍官学校は、そこに多くの朝鮮人が関わったというだけではなく、朝鮮民族解放運動にとっても、また朝鮮人と中国人の共同闘争にとっても、重要な歴史的役割を果たしたものとして記憶されるべきである」と結ばれている。

■表　黄埔軍校朝鮮人教官

職　別	姓名	号	年齢	籍貫	永久通訊処	本名
[第五期教官]						
中校技術主任教官	楊　寧	志遠	27	吉林		金勲（楊林）
小校隊附	蔡元凱		28	韓国	中央軍事政治学校	
区隊長	崔秋海		27	韓国	上海法界白来尼海東公司	崔庸健？
区隊長	李逸泰		24	韓国平北		
区隊長	安應根	茂林	28	韓国平安	黒龍江通河県松江医院交西北河	
[教授部]					(出身)	
俄文教官	呉聲輸		27	韓国	俄京東方大学	呉成崙
[訓練部]						
技術主任教官中校	楊　甯	志遠	26	吉林	雲南講武学校	金勲（楊林）
技術助教中尉	呉　明	白峯	24	韓国	雲南講武学校	

備考　表Ⅱと同じ。同63ページ。

■子どものころの孫文の像

■孫文記念館本館

今回の南京・広州訪問によって初めて黄埔軍官学校跡を訪問でき、現地で学べたことは大きな収穫であった。南京に移った軍官学校は南京のどこにあったのだろうかなどと想像を膨らませる。

南京・広州フィールドワークの報告書は10月中に発行予定だ。必要な方は連絡ください。来年は20回目の訪中となります。南京のあとどこを訪ねようかなどと思いを巡らしている今日この頃です。

（むくげ通信272号、2015年9月）

31 済州島・李仲燮美術館（2008年）

■李仲燮美術館

最近の私の韓国の中のお気に入りは、済州島。毎年のように訪問し、２００８年も2回行った。2月にキリスト教の会議があり、10月には2回目の済州島一周サイクリングに行った。サイクリングの方は、昨年初めて在日韓国人の友人に連れていってもらって快適な一周２５０キロのサイクリングを楽しんだ。一度行けばいいと思っていたのに、また今年も行ってしまったのである。「ゆうさんの自転車／オカリナブログ」（「飛田雄一」「ブログ」で検索）に写真がふんだんに入ったものがあるので、興味のある方は是非のぞいてみてほしい。

さて、2月の訪問のときに済州島の南に位置する西帰浦《ソギッポ》の「李仲燮美術館」を訪問した。とてもよかった。

帰国後、日本語の済州島ガイドブックを本屋で片っ端から読破したが、どの本にもこの美術館が紹介されていない。李仲燮（1916〜55）は日本に特に関係の深い画家でもあり、是非、紹介したいと思い、紹介の文章を書かせていただくことにした。

李仲燮美術館は、1996年3月に韓国で初めて画家の名前が通りについたという「李仲燮通り」にある。彼は1951年1月から12月まで西帰浦に住み、「西帰浦の幻想」「カニと子供」「森島が見える景色」などの作品を描いた。彼が暮らした小さな家のあたりに「李仲燮通り」が作られ、美術館もその通りにある。

■李仲燮の生家

もっとも有名な作品が「夕焼けに叫ぶ牛」のようだ。彼の絵は高価なもので、サムソン財閥が買い占めているとも聞いた。またインターネットで調べてみると「贋作」事件がよくおきているようだ。俳優・朴根瀅が主演して映画『画家・李仲燮』にもなっている。是非、観たいものだ。

李仲燮は、現在の平壌の生まれ。五山高等普通学校を卒業後、日本に渡り東京文化学校美術科で学んだ。在学中の1937年に日本の前衛的美術団体の自由美協展第

7回に出品して太陽賞を受賞し、1939年に自由美術協会の会員になる。解放後1945年に朝鮮へ帰国して、元山で日本人の山本方子（朝鮮名・李南徳）と結婚。元山師範学校教員だった時に朝鮮戦争が勃発した。

1952年に日本人の妻が生活苦で二人の息子と共に日本に帰り、波止場で労働をしながら休戦を迎えた。それからソウルに上京して、1955年に美都波画廊で彼の生涯でたった一度の個展を開いた。その後、日本へ帰った家族に対する恋しさと生活苦が重なって精神分裂の症状がで始めた。そして、1956年に赤十字病院で肝炎のため生涯の幕を閉じたのである。

美術館を訪ねたとき、ボランティアガイドの康致均さんが案内してくださった。ご近所にお住まいで、李仲燮が西帰浦にいたときのこともご存知の方である。美術館の展望台で、李仲燮が描いた目の前にひろがる景色を見ながら説明もしてくださった。とてもすてきなおじさんである。ありがとうございました。

■李仲燮も描いた島（美術館屋上より）

日本に李仲燮の家族たちがおり、その親族のあいだでホームページもつくって交流しているという話も聞いた。いろいろ検索してみたが発見できなかった。

■気に入った一枚を買ってきました

美術館のパンフレット（日本語あり）には、「彼の芸術世界を成す基盤は徹底して自己の生に由来するものである。生活の苦しい中、家族を日本に送り全国をさまよいながら孤独に製作した苦痛の産物であった彼の作品は、１９７０年代に至り新たに評価されるようになった」とある。

毎年９～10月、４日間にわたって李仲燮通りで芸術祭が開催されている。これにも参加してみたいものだ。

済州島・西帰浦に行かれるみなさん、是非、李仲燮美術館にお立ち寄りください。

（むくげ通信２３１号、２００８年11月）

32 麗水・順天を訪ねて（2015年）

むくげの会韓国合宿。現地集合・現地解散のパターンが、だんだんと板についてきた。今年（2015年）の群山モーテル集合の前に、私はむくげ会「会友」の波戸雅幸さんと麗水に行った。古くからの友人で、韓国民主化運動に関わった牧師さんで、東京でも働かれたことがある金景南さんを訪ねたのである。金さんは、心臓の病気をされ長時間の外出に不安が残るとのことで、最近お会いする機会がなかったのだ。

麗水は、だいぶ以前、林オンギュさんの案内で釜山外国語大学の学生と智異山（天王峰）に登ったのちに訪ねたことがある。アナゴの刺身を注文したら5匹分ぐらいのぶつ切りの刺身がでてきてびっくりした記憶がある。

2015年4月15日（水）、今回はLCCの済州航空で波戸さんと二人で仁川空港に着いた。さっそく空港でキムチチゲを食べたら美味しかったが波戸さんはその辛さにびっくり。

仁川からKTXで麗水に向かう。麗水は全羅南道東部にある都市で、2012年に麗水国際博覧会（万国博覧会）が開かれたことでも知られる。人口は約30万人。麗水と言えば李舜臣将軍だが、

1497年に全羅左道水軍節度営（全羅左水営）が設置され造船施設などもあった。文禄・慶長の役が始まる前年に李舜臣が当地の司令官として赴任し、亀甲船を建造して戦争に備えた。1599年に三道水軍統制師であった李時彦が建設した鎮南館は韓国最大の木造建築で国宝第304号に指定されている、とウィキにある。

■李舜臣将軍が睨みをきかせています

仁川発麗水行きは、直行のKTKが一日1本ある。チケットは麗水の金景南さんがインターネットでとってくださった。登録番号と秘密番号をメールで送ってもらいその番号を窓口でいうとすぐにチケットが発券された。金さんがKTXの会員でそんなことができるのだと思っていた。が、むくげメーリングリストの東京メンバー・Mさんによると日本からでも、クレジットカードで入手可能とのことだ。後日ホームページを開いてみると日本語のホームページもあり簡単にできそうだった。こういうところは韓国の方が進んでいる。

仁川から約4時間の汽車の旅だ。桜もきれいだった。南に下るほど桜の盛りは過ぎていく。

麗水駅には金さんと奥様の李祉永さんが迎えに来てくださった。駅には改札もなく、ホームまで来てくださっていてびっくりした。それから3日間、金さんご夫妻にはほんとに何から何までお世話になった。初日は、魚料理をいただき大満足。突山公園から麗水の夜景を見てから金さんのマンションの別室に泊めていただいた。翌日、丸1日、麗水周辺のドライブだ。

まずは「椿が咲き乱れる奇岩絶景の観光名所」梧桐島。椿全盛の季節ではなかったが、「散策路や絶壁、灯台があって散策やデートにもぴったり」の散策路を波戸さんと歩いた。味気なかった。

■順天湾自然生態公園からの景色

次は有名な鎮南館。豊臣秀吉による2度の朝鮮出兵の際、秀吉軍と戦った李舜臣将軍率いる水軍の大本営だった場所だ。国宝に指定されている立派な建物だ。そして李舜臣将軍といえば亀甲船。観覧できるようになっており、人形もカッコいい。イケメンもいる。

向日庵にも登った。新羅の善徳女王の時代に元暁大師が円通庵という名で建立したのが始まりと伝えられている。その後、豊臣秀吉の朝鮮出兵の際には僧侶たちが寺で応戦し、朝鮮時代の1715年に向日庵へ改名したとされている。初日の出の名所としても有名で、正月に「初日の出祭り」が開催され、3万人を超える観光客が集まるとのことだ。日本人も韓国人も初日の出が好きなようだ。韓国では、初日の出を新暦と旧暦と2回するのかな？

コーヒータイムに訪ねた喫茶店「風の丘」が最高だった。景色もとてもいい。部屋の雰囲気もとてもとてもいい。

3日目、途中に観光地を訪ねながら群山まで車で送ってくださるという。お言葉に甘えることにした。

ハイライトは、順天湾自然生態公園だ。広大な干潟があり、葦が茂っている。麗水が開発により近代化して発展したのに比べ順天は自然を残してそれが成功したと言われている。私もすばらしいと思う。シーズンには無数の渡り鳥が乱舞しているという。残念ながらシーズンオフだったが、散策して堪能した。

朝鮮史を勉強している人には麗水順天といえば、朴正煕も関係した1948年の事件だ。10月19日、済州島で起きた済州島四・三事件鎮圧のため出動した国防警備隊第14連隊で、隊内の南労党員が反乱を扇動、これに隊員が呼応し部隊ぐるみの反乱となった。1週間後に鎮圧されたが、一部はその後北部の山中へ逃げ込み、長くゲリラ戦による抵抗が続いた。摘発は過酷を極め、反乱部隊に加えて、非武装の民間人8千名が殺害されたといわれている。麗水でも順天でも金さんからこのあたりがその歴史の場所だというところにも案内していただいた。

今回、何から何まで本当に金景南さんご夫妻にお世話になりました。ありがとうございました。

（むくげ通信270号、2015年5月）

■初出掲載誌一覧

01 アジアの中の日本―韓国・北朝鮮・中国への旅から　共助会599号　2006／3
02 随想　済州島行　むくげ通信84号　1984／5
03 延辺朝鮮族自治州への旅　むくげ通信109号、110号　1988／7、9
04 韓国への旅　友を訪ねて三千里　むくげ通信120号、122号　1990／5、9
05 韓国への旅　神戸電鉄施設工事で犠牲となった朝鮮人労働者の遺族を訪ねて　むくげ通信144号　1994／5
06 韓国原州に張壹淳先生の墓地を訪ねて　むくげ通信147号　1994／11
07 韓国お祭ツアー第1弾　江陵端午祭　神戸学生青年センターニュース31号　1996／9
08 南京大虐殺の現場を訪ねる旅　むくげ通信164号　1997／8
09 阪神教育闘争犠牲者の遺族を韓国に訪ねる　むくげ通信165号　1997／11
10 韓国お祭ツアー第3弾　珍島霊登祭　神戸学生青年センターニュース37号　1998／9
11 韓国「民草」ツアー第1弾　東学の道　神戸学生青年センターニュース40号　1999／9
12 韓国「民草」ツアー第2弾　済州島4・3＋ハルラ山　むくげ通信180号　2000／5
13 南京再訪　そして731＆安重根のハルビンへ　むくげ通信182号　2000／9
14 朝鮮民主主義人民共和国ツアー　むくげ通信187号　2001／7
15 「南京大虐殺への道」を訪ねて　むくげ通信188号　2001／9
16 韓国お祭ツアー第4弾　安東国際仮面劇フェスティバル　むくげ通信195号　2002／11

17　張壹淳先生10周忌の集いに原州を訪問して　むくげ通信205号　2004／7
18　上海・南京・大連・旅順フィールドワーク　むくげ通信206号　2004／9
19　第2回日韓歴史研究者共同学会in釜山　むくげ通信212号　2005／9
20　済州島フィールドワーク　むくげ通信218号　2006／9
21　済州島一周サイクリング　2007年　ブログ　2007／9
22　済州島一周サイクリング　2008年　むくげ通信232号　2009／1
23　中央アジアのコリアンを訪ねる旅　むくげ通信204号　2010／5
24　延吉に尹東柱の生家などを訪ねて　むくげ通信242号　2010／9
25　南京・海南島・上海への旅　むくげ通信248号　2011／10
26　ソウル漢江・サイクリング　むくげ通信252号　2012／5
27　むくげの会　釜山・慶州合宿レポート　むくげ通信258号　2013／5
28　またまた行ってきました　済州島一周サイクリング　むくげ通信268号　2015／1
29　クルーズで釜山に行ってきました　むくげ通信271号　2015／7
30　黄埔軍官学校と朝鮮人　むくげ通信272号　2015／9
31　済州島・李仲燮美術館　むくげ通信231号　2008／11
32　麗水・順天を訪ねて　むくげ通信270号　2015／5

あとがき

いかがでしたでしょうか。いや、まえがきのあとにこれを読んでいる、カザフスタンだけ読んだ、という方もおられるでしょうか。

私の旅は、地域的にけっこうかたよっているようです。アジアで訪れたのは、韓国60回（?）、中国23回（?）、フィリピン3回（?）、香港2回（?）、ウズベキスタン、カザフスタン各1回、北朝鮮1回。ヨーロッパはスウェーデン1回、アメリカはハワイ1回です。現時点でこれが全部です。行きたいところは他にもたくさんあるのですが、たまたま機会がないのです。アフリカにもベトナムにも行きたいのです。自転車友だちが最高だと言っていたライン川下りクルーズサイクリングも是非行ってみたいと思っています。

２０１６年も神戸・南京をむすぶ会の20回目の中国訪問で、南京、雲南省（拉孟・騰越）に行きました。なんと過去最大の40名が参加したツアーでした。40名となるとツアコンは大変です。点呼するのもひと苦労でしたが、ホテルにパスポートを提出するときの積み上げたパスポートの高さにメンバーの多さを実感したものです。こんなに多かった理由は、拉孟・騰越に行く機会はもうないのでは、あるいは今回20回目の訪中で最後になるのではないかという噂が流れたからではないかと思います。ですが、来年の第21回も、やってしまいそうな雰囲気です。

合同出版の上野良治社長、坂上美樹編集長、八尋遥さんには大変お世話になりました。（上野さん、坂上さんは中国ツアーの仲間です）。私の訪問先、目的、手段など雑多な旅行記を、それらしく並べなおしてくださいました。いろいろ無理を申し上げましたが、それらをみんな受け入れてくださりました。ありがとうございます。

この本は、私といっしょに旅をしてくださった方々、現地で迎えてくださった方々がおられたからこそできたものです。ほんとに感謝しています。ありがとうございました。もっともっと旅をして、もっともっと「旅行作家」したいと願っています。引き続きおつきあいをよろしくお願いします。

２０１６年12月　飛田雄一

飛田雄一（ひだ・ゆういち）

1950年、神戸生まれ。神戸大学大学院農学部研究科修士課程修了。

公益財団法人神戸学生青年センター館長。他に、NGO神戸外国人救援ネット代表、在日朝鮮人運動史研究会関西部会代表、強制動員真相究明ネットワーク共同代表、「神戸・南京をむすぶ会」事務局長、関西学院大学非常勤講師、むくげの会会員など。趣味は、サイクリング、ハイキング、オカリナなど。

著書に『日帝下の朝鮮農民運動（朝鮮近代史研究双書）』（未来社、1991年）、『朝鮮人・中国人強制連行・強制労働資料集』（金英達と共編、神戸学生青年センター出版部、1990年版～94年版）、『現場を歩く、現場を綴る――日本・コリア・キリスト教』（かんよう出版、2016年）、『心に刻み 石に刻む――在日コリアンと私』（三一書房、2016年）ほか。

■カバー装丁：大村晶子（合同出版制作室）
■組版：森富祐子
■編集アシスト：河西真希（インターン）

旅行作家な気分
――コリア・中国から中央アジアへの旅

2017年1月14日　第1刷発行

著　者　飛田雄一

発行者　上野良治
発行所　合同出版株式会社
東京都千代田区神田神保町1-44
郵便番号 101-0051
電話03（3294）3506／FAX 03（3294）3509
振替 00180-9-65422
ホームページ http://www.godo-shuppan.co.jp/

印刷・製本　新灯印刷株式会社

■刊行図書リストを無料進呈いたします。
■落丁・乱丁の際はお取り換えいたします。

ISBN 978-4-7726-1299-9　NDC 292　188 × 130